DAS TAO DES WU-TANG CLAN

THE RZA

DAS TAO DES WU-TANG CLAN

THE RZA

DIE SIEBEN SÄULEN DER WEISHEIT FÜR EIN ERFOLGREICHES LEBEN

riva

Bibliografische Information der Deutschen Nationalbibliothek
Die Deutsche Nationalbibliothek verzeichnet diese Publikation in der Deutschen Nationalbibliografie.
Detaillierte bibliografische Daten sind im Internet über http://d-nb.de abrufbar.

Für Fragen und Anregungen
info@rivaverlag.de

Wichtiger Hinweis
Ausschließlich zum Zweck der besseren Lesbarkeit wurde auf eine genderspezifische Schreibweise sowie eine Mehrfachbezeichnung verzichtet. Alle personenbezogenen Bezeichnungen sind somit geschlechtsneutral zu verstehen.

1. Auflage 2022

Türkenstraße 89
80799 München
Tel.: 089 651285-0
Fax: 089 652096

Übersetzung: Peter Peschke
Redaktion: Rainer Weber
Umschlaggestaltung: Marc-Torben Fischer
Layout und Satz: abavo GmbH, Buchloe
Druck: CPI books GmbH, Leck
Printed in the EU

ISBN Print 978-3-7423-2032-2
ISBN E-Book (PDF) 978-3-7453-1782-4
ISBN E-Book (EPUB, Mobi) 978-3-7453-1790-9

INHALT

WICHTIGE HINWEISE

1. Hip-Hop und Rap ziehen einen nicht geringen Teil ihrer Wirkmacht aus dem Gebrauch von in der Regel als degradierend wahrgenommenen (aber zumeist in einem selbstermächtigenden Sinne verwendeten) Slang-Begriffen wie etwa *nigga, bitch* oder *thug*. Solche Wörter sind im Genrekontext zu begreifen und lassen sich auch dann nicht immer sinnvoll ins Deutsche übertragen, wenn das Wörterbuch verschiedene Übersetzungsmöglichkeiten vorsieht. Die Übersetzung des vorliegenden Buches belässt sie daher in der Originalsprache und macht sie durch kursive Kleinschreibung kenntlich. Die kursive Kleinschreibung des Originalbegriffs findet auch dann Anwendung, wenn es ganz allgemein um genretypische Slang-Begriffe geht, die sich einer angemessenen Übersetzung entziehen. Die Bezeichnungen »Schwarze« und »schwarz« sind Übertragungen des Wortes black und sind im amerikanischen Kontext zu lesen, haben also keine ethnische, sondern vielmehr eine soziokulturelle Bedeutung.

2. Insbesondere die Rap-Texte von RZA lassen sich an einigen Stellen nicht sinnvoll ins Deutsche übertragen, da sie stark mit Wortspielen und chiffrierten Bezügen arbeiten und surreale Ausdrucksformen nutzen. Wir haben diese Textstellen übertragen, wo möglich, oft aber auch das englische Original der Übertragung ins Deutsche nachgestellt, um eine bessere Orientierung zu ermöglichen. Vereinzelt findet sich in dieser Ausgabe auch nur der englische Originaltext. Die Rap-Texte von RZA weisen in der Regel keine einheitlichen Satzzeichen auf, die Übertragung ins Deutsche folgt den Original-Schreibweisen.

EINFÜHRUNG

REISEN

Eine Reise von tausend Meilen beginnt mit einem einzigen Schritt.

LAOTSE

Wenn du in den *projects* lebst – im sozialen Wohnungsbau amerikanischer Städte, im Ghetto –, dann kommst du dort nur selten raus. Es gibt alles, was man braucht: Wäschereien, Lebensmittelläden und Läden, in denen Schecks eingelöst werden können – alles ist so angeordnet, dass man sein Leben innerhalb eines Radius von vier Häuserblocks verbringen kann. In New York habe ich in mindestens zehn solcher *projects* gelebt – Van Dyke in Brownsville, Marcus Garvey im Osten New Yorks, Park Hill und Stapleton in Staten Island –, und überall habe ich etwas lernen können, wenn es auch Lektionen waren, für die niemand sich bewusst entscheiden würde.

Stell dir vor, du bist acht Jahre alt und gehst mit fünfunddreißig Cent in einen Laden, um ein Päckchen Candy und eine Tüte Sonnenblumenkerne zu kaufen. Du kommst dort an, drei Teenager drücken dir einen Regenschirm an die Kehle, nehmen sich deine fünfunddreißig Cent und kaufen sich Zigaretten davon. So sind die *projects* – an jeder Ecke trichtern sie dir Mathe und Wirtschaftslehre ein. Stell dir vor, du lebst mit achtzehn Verwandten in einer Zweizimmerwohnung, gegenüber vom Gerichtsgebäude und dem Bezirksgefängnis. Du fragst dich, warum sich Gefängnis und Gericht in direkter Nähe der *projects* befinden; du lernst die Antwort auf deine Frage, wenn sie dich ein paar Jahre später dort einbuchten. Jeden Tag lernst du Staatsbürgerkunde, Recht und Sozialwissenschaft – insbesondere Sozialwissenschaft. Denn die *projects*, genau wie die Gefängnisse, sind ein großes Wissenschaftsprojekt. Eines, bei dem niemand erwartet, dass du es verlässt.

Ich habe sie verlassen – 1992, da war ich dreiundzwanzig Jahre alt, bin ich aus den *projects* in Stapleton weggezogen –, und bald darauf sind meine Wu-Tang-Brüder und ich zu Weltbürgern geworden. Aber die Lektionen der *projects* haben wir alle verinnerlicht, sie sind eine der Grundlagen für Weisheit. Sie sind das Dunkel, das uns Licht sehen lässt.

Ich gebe dir ein Beispiel.

1978 gewann meine Mutter, die in einem Wettbüro arbeitete, selbst etwa viertausend Dollar – genug Geld, um mit acht Kindern in eine Dreizimmerwohnung in der Dumont Avenue zu ziehen. Die lag in Marcus Garvey, einem gewalttätigen Ghetto, aber für einen kurzen Moment fühlten wir uns wie die weißen Kids in der TV-Show *Eight is Enough*: acht Kids mit Spielzeug, Fahrrädern und einem neuen Zuhause. Aber noch bevor wir einziehen konnten, wurden wir ausgeraubt. Unser ganzer Krempel war weg – Spielzeuge, Fahrräder, Möbel –, ein paar Tage vor Weihnachten. Es brach uns das Herz, aber wir zogen dennoch ein, und es dauerte nicht lange, da lernte ich den Typen kennen, der nebenan wohnte – Chili-Wop.

Chili-Wop war der coolste Mistkerl, den es gab. Ein Drogendealer mit Muskeln, Goldketten, einem irren Style und einer verrückten Art zu sprechen. »Whasuuup!«, rief er. »Chili-Wooohp am Start, *nigga, whaaat!*« Aus irgendeinem Grund mochte Chili-Wop mich. Irgendwann fing er an, mich auf Ausflüge mitzunehmen – Drogendeals, um genau zu sein, auch wenn mir das damals noch nicht klar war – und mich unter seinen Schutz zu stellen. Chili-Wop wurde zu einem Verbündeten, zu einem Beschützer in dieser brutalen Welt. Als ich schon fast zwei Jahre dort lebte, erzählte er mir schließlich etwas. »Als ihr hier eingezogen seid, habe ich euch die Wohnung leer geräumt, Maaaann. Ich hatte keine Ahnung, dass ihr 'ne coole Sippe seid.« Als er es mir sagte, gab es nichts, was ich wirklich hätte tun können, und zu diesem Zeitpunkt war er quasi mein bester Freund – oder mein *big homie*, wie es heute in diesen Gegenden heißt –, also ging es gewissermaßen in Ordnung.

Das ist nur eine der Lektionen, die man in der *hood* lernt: Wer als Feind in Erscheinung tritt, kann sich als Verbündeter erweisen, was Fluch ist, kann zum Segen werden.

Als ich zehn war, war Chili-Wop sechzehn. Als ich elf war, wurde Chili-Wops Bande von rivalisierenden Drogendealern zusammengeschossen und er selbst wanderte in den Knast. So war das Leben in der Dumont Avenue, auf das ich heute ohne Verklärung zurückblicken kann: Es war die Hölle – eine Hölle aus Gewalt, Sucht, Elend und Erniedrigung. Das waren Kräfte, die selbst in der Luft lagen und im Wasser schwammen; wenn es heftige Regengüsse gab, trieben menschliche Exkremente am Kellerfenster des Zimmers vorbei, in dem ich und meine fünf Brüder uns zwei Doppelbetten teilten. Niemand lebt freiwillig so, aber heute verstehe ich, dass selbst diese Erfahrung – dort zu wohnen, wo die Scheiße fließt – ein Quell kostbarer Weisheit war.

Es erinnert an eine Geschichte aus dem Leben Bodhidharmas – der indische Mönch, der den Zen-Buddhismus nach China brachte. Eines Tages unterhielt Bodhidharma sich mit einem anderen Mönch, der sich über Schlamm ereiferte – wie schmutzig dieser sei und dass ein Mann sauber bleiben und sich von jedem Schlamm fernhalten solle. Bodhidharma aber hatte beobachtet, dass der Lotus im Schlamm blüht: »Wie kannst du den Schlamm diffamieren, wo doch eine solch schöne Blume aus ihm erwächst?«, fragte er. Bodhidharmas Lehren verbreiteten sich überallhin – von den Samurai-Schulen Japans und den Kung-Fu-Mönchen der Shaolin bis zu den Sozialvierteln in Staten Island. Ich wende Bodhidharmas Weisheit auf die *projects* an. Ich bin überzeugt, dass das Elend dort eine Blume zum Blühen brachte, die nirgends sonst gewachsen wäre.

Ich war dreizehn Jahre alt, als ich den Kung-Fu-Film *Die 36 Kammern der Shaolin* sah, der die Geschichte eines Mannes erzählt, der sich zu einem Shaolin-Mönch ausbilden lässt, um dann das Kloster zu verlassen und die Welt zu lehren, wie man das Kung-Fu der Shaolin kämpft. Neun Jahre später habe ich den Wu-Tang Clan gegründet – und wir haben Staten Island verlassen, um die Welt unseren Hip-Hop-Style zu lehren. Acht weitere Jahre später sah ich erstmals den echten Shaolin-Tempel und *Wu Tang Shan*, die Wudang-Berge – und ich erkannte, dass beides Teil eines großen Ganzen war. Ich erkannte, dass wir tatsächlich waren, wer wir immer zu sein behauptet hatten: Männer des Wu-Tang.

Shaolin liegt unendlich weit von Staten Island entfernt. Der Tempel befindet sich am Song Shan, dem Großen Mittleren Gipfel der Fünf Heiligen Berge des Taoismus. Ein geheiligter

Ort also, hoch über den Ufern des Gelben Flusses. Dort, am westlichen Rand des Berges, steht der Shaolin-Tempel: niedrig und robust, rote Mauern und runde Fenster. Auf seinem Hof haben Mönche Kung-Fu gelernt, seit Bodhidharma im sechsten Jahrhundert dorthin gereist war.

Zwischen Staten Island und Shaolin liegen mehr als elftausend Kilometer. Bis zum Wudang-Gebirge ist es sogar noch weiter. Tausendfünfhundert Meter über dem Meeresspiegel, eine fünfstündige Busfahrt durch Serpentinen. Seit mehr als fünfzehn Jahrhunderten ist es die Heimat taoistischer Klöster. Aber als wir dort oben standen und uns die »Neun Drachen« genannte Gipfelreihe ansahen, da haben wir Folgendes gesehen: drei Berge, die ein gigantisches »W« formen – das Zeichen, das ich neun Jahre zuvor ausgewählt hatte, um eine Crew von neun Männern zu repräsentieren. Es war so klar wie der helle Tag, und das schon seit einer Million Jahre. Aber manche Dinge bleiben unsichtbar, bis man wirklich bereit ist, sie zu sehen.

Ich stand dort mit Shi Yan Ming, den ich Sifu nenne, was »Lehrer« bedeutet. Er ist ein Shaolin-Mönch der vierunddreißigsten Generation, der sich im selben Jahr in die Vereinigten Staaten abgesetzt hat, in dem wir den Wu-Tang Clan gründeten. Als wir über die Berge blickten, sprachen Sifu und ich über den Wu-Tang-Taoismus, dessen Begründer ein Mönch namens Zhang Sanfeng war, den man wegen Gewalt und anderer Vergehen in dieses Gebirge verbannt hatte. Zhang Sanfeng war auf diesen Berg gekommen, um zu meditieren und zu Gott zu finden, und schließlich gründete er die taoistische Wu-Tang-Schule – den echten Wu-Tang Clan. Meine Leute haben viele Bedeutungen für das Wort *Wu-Tang*. Zum Beispiel »Witty, Unpredictable Talent and Natural Game« – »geistreich, unberechenbares Talent und urbelassenes Spiel«.

Oder: »We Usually Take Another Nigga's Garments« – »Wir knöpfen anderen *niggas* meist die Klamotten ab«. In China lernte ich eine weitere Bedeutung des Wortes, und zwar die ursprüngliche: »Mann, der Gottes würdig ist«.

In diesem Sinne sind wir also alle Wu-Tang. Du bist Wu-Tang. Wenn du jemals auf einem Berg oder am Meer standest und eine tiefe Verbundenheit verspürt hast, eine weite, endlose Präsenz in deinem Innern, dann hast du es gefühlt: das, was man im Taoismus das Einssein nennt, was die Muslime Allah nennen, was andere Gott nennen. Das war es, was ich im Wudang-Gebirge gefühlt habe; aber ich habe es auch in Staten Island, ja sogar in der Dumont Avenue in Brooklyn gefühlt – lediglich schwächer, stiller. Allahs Wahrheit ist in jedem von uns, zu jeder Zeit – ein Samen, der auf Licht wartet, das ihm hilft, zu wachsen. WEISHEIT ist das LICHT.

Dies ist ein Buch der Weisheit – eine Sammlung von Songs, Parabeln, Meditationen und Erfahrungen, die dabei helfen sollen, diese Wahrheit in deinem Leben zu verinnerlichen. Weisheit ist, was denen, die im Dunkeln sind, das LICHT zeigt; Weisheit ist, was dir den rechten Pfad weist, den WEG. Sie ist, was wir alle leben müssen. Die Sutras der buddhistischen Lehre besagen, dass es ohne Weisheit keine Entfaltung gibt. Im biblischen Buch der Sprichwörter wählt König Salomon unter allen Gaben, die Gott ihm anbietet – Ruhm, Reichtümer, ein langes Leben –, die Weisheit. Durch diese Weisheit erlangt er all die anderen Gaben und noch viele mehr, darunter siebenhundert Ehefrauen. Die *Supreme Mathematics* des Islam lehren uns, dass Weisheit die Zwei ist, die der Eins – dem Wissen nämlich – folgt; sie ist der Beweis des Wissens, die Reflexion des Wissens, das angewandte Wissen. In meinem Leben haben sich all diese Weisheitsverständnisse als wahr erwiesen.

Krishna sagte, dass man den ganzen Tag lernen, den ganzen Tag beten, den ganzen Tag *chanten* kann – dass aber schneller in den Himmel gelange, wer sich mit weisen Menschen umgebe. Ich bin mein ganzes Leben lang mit weisen Menschen gesegnet gewesen – ob das nun mein Cousin GZA war, der mich als Erster die *Supreme Mathematics* lehrte, mein chinesischer Bruder Sifu, der mich Kung-Fu lehrt, oder aber die Philosophiestudenten, die ich in Athen kennengelernt habe, die afrikanischen Dorfbewohner, die ihre Lehmhütten mit mir teilten, die Klangkünstler, mit denen ich in der Schweiz zusammengearbeitet habe, die Filmregisseure in Hollywood, die ägyptischen Mullahs. Ich bin einer dieser Künstler, der dazu neigt, Leute kennenzulernen, die mir etwas zeigen wollen – und fürs Lernen bin ich immer zu haben. Innerhalb des Wu-Tang Clan nennt man mich auch den Abbot – was »Lehrer« bedeutet, genau wie Sifu –, doch ein wahrer Lehrer ist immer auch Schüler, jemand, der niemals aufhört zu lernen.

Im Buch der Sprichwörter heißt es, dass König Salomon von der Wiege bis zur Bahre nach Weisheit strebte. Ebenso gut hätte man sagen können, dass er danach strebte, wiedergeboren zu werden. So wie wir durch den Leib unserer Mutter physisch geboren werden, so ist es die Weisheit, die wir durchdringen müssen, um geistig geboren zu werden. Und wie die Kindsgeburt, so ist auch die Weisheit oft mit Schmerzen verbunden. Schmerz, Freude, Furcht – sie alle waren mir Quell der Weisheit, die – so wie auch Wasser – im ewigen Fluss einem bodenlosen Ozean entspringt; ein Fluss des Lebens, der sich in allen denkbaren Formen, in jedem Körper und jedem Augenblick offenbart. Denn die WEISHEIT ist der WEG.

Dir ist die Chance gegeben, das Wahre und das Leben zu hören / Darum stelle das Wissen vor die Weisheit, Sohn.

You've been given the chance to hear the true and living / So do the knowledge, son, before you do the wisdom.

RZA, »A DAY TO GOD IS 1,000 YEARS«

DIE ERSTE SÄULE DER WEISHEIT

DER RUF

Aus dem Herzen von Medina
In den Kopf von Fort Greene
Now-Y-C: Jetzt sehe ich alles

From the heart of Medina
to the head of Fort Greene
Now-Y-C: Now I See Everything

RZA

Lass den Rufenden und den Gerufenen
verschwinden; sich im Ruf verlieren.

Rumi

In jeder Geschichte, in jedem Leben, gibt es einen Ruf. Im Buch Exodus ereilt dieser Moses, nachdem er Ägypten als Hirte verlassen hat: Eines seiner Schafe kommt abhanden, er steigt auf einen Berg, um es zu suchen, und dort hört er eine Stimme – Gott spricht zu ihm. Im Koran ereilt Mohammed der Ruf, nachdem dieser Kinder gezeugt und ein erfülltes, redliches Leben gelebt hat: Er ist vierzig Jahre alt und meditiert in einer Höhle, als er eine Stimme hört – sie fordert ihn auf, Prophet zu werden. Oder nehmen wir San Te aus dem Film *Die 36 Kammern der Shaolin*: Er ist in ländlichen Gegenden unterwegs und rebelliert gegen die mandschurische Regierung, als er diesen Typen sieht, der eine Dose Fisch mit bloßen Händen aufbricht. Er fragt ihn: »Wie hast du das gemacht?«, und der Kerl antwortet: »Das ist Kung-Fu; ich habe es bei den Shaolin gelernt.« Dieses eine Wort, *Shaolin*, war der Ruf, der San Te ereilte – der Grund, weshalb er Wissen suchte, Mönch wurde und die Weisheit des Kung-Fu überall in der Welt verbreitete.

Ich glaube daran, dass der Ruf jeden ereilen kann, zu jeder Zeit. Ich weiß es, weil er mich eines Abends, im Juli 1976, in einem dieser Sozialviertel in Staten Island ereilte.

Ich wurde als Robert Fitzgerald Diggs in eine der größten Familien New Yorks hineingeboren, und zwar in Brownsville, Brooklyn. Meine Mutter hatte elf Kinder; zählt man die Enkelkinder dazu, ist sie für fünfunddreißig, vielleicht vierzig Leute verantwortlich. Mein Großonkel hatte acht Kinder – eines davon wurde als Ol' Dirty Bastard berühmt –, und dieser Linie des Stammbaums entsprangen weitere vierzig, fünfzig Leute, und so geht es immer weiter. Durch angeheiratete Familie strecken sich die Triebe unseres Stammbaums inzwischen in alle fünf Bezirke New Yorks aus. Das liegt zum Teil auch daran, dass wir von Anfang an eine verstreute Sippe waren.

Meine Familie brach auseinander, als ich drei Jahre alt war. Die letzte Erinnerung, die ich an meinen Vater habe, ist, wie er mich an der einen Hand hält und in der anderen einen Hammer, mit dem er unsere Möbel zerschlägt. Da meine Mutter es sich nicht leisten konnte, sich allein um uns fünf zu kümmern, gab sie uns weg, und ich zog nach North Carolina, zu der Familie ihres Vaters. Dort lernte ich meinen Großonkel Hollis kennen – den ersten weisen Mann in meinem Leben.

Hollis verfügte über eine salomonische Weisheit. Er war Arzt, ein wohlhabender Mann, dem Hunderte Acres Land gehörten; er hatte viele adoptierte Kinder und strahlte eine große Lebensfreude aus, ganz gleich, wo er hinging. Er war das, was man einen Erleuchteten nennt. Alle Geschwister meiner Mutter hatten unterschiedliche Väter, und die Familie ihres Vaters mochte meine Großmutter nicht, die meine Mutter mit sechzehn Jahren zur Welt gebracht hatte. Hollis jedoch liebte die Tochter seines Bruders. Er sah stets nach dem Rechten und versuchte, ihr eine Schulausbildung zu verschaffen. Allerdings besuchte sie die Schule nie und brachte stattdessen immer mehr Kinder zur Welt. Aber Hollis hatte den Drang, sich auch um diese Kinder zu kümmern – insbesondere um mich.

Kaum dass ich in North Carolina angekommen war, begann Hollis damit, mir Dinge beizubringen; er suchte nach Büchern, die ich lesen sollte, und sagte: »Bobby, ich will, dass du lernst.« Ich war noch keine vier Jahre alt, da machte ich schon die Hausaufgaben meines großen Bruders. Hollis unterrichtete mich in den Wissenschaften und in Religion, aber er brachte mir auch viel über Poesie und das gesprochene Wort bei. Eines der ersten Bücher, das er mir gab, war eine Sammlung von Kinderreimen – die ich sofort auswendig lernte –, und er rezitierte bei jeder Gelegenheit seltsame Verse.

»Kein Leichenzug ist Grund zu gaffen«, sagte er. »Dich könnt' der Tod als Nächsten raffen. Zwei Meter tief ist dann dein Grab; im kalten Tuch fährst du hinab. Bald stöhnst du auf im letzten Bett; bald fressen sich die Maden fett. Bald geh'n die Würmer aus und ein; dann tanzen Käfer im Gebein. Dein Magen wird grün-gift'ger Schlick, und Eiter suppt, wie Sahne dick ...« Das war ein alter Südstaaten-Reim – einer von vielen, die Hollis gerne vortrug –, und es dauerte nicht lange, bis ich selbst anfing, ihn aufzusagen.

Hollis ging auch jeden Sonntag mit uns in die Kirche. Es war eine alte Kirche der Southern Baptist Convention, deren Gottesdienste mir gewaltig auf den Zeiger gingen. Ich liebte es, die Geschichten aus der Bibel zu lesen; was mir nicht gefiel, war dieser Saal voller Leute, die sich schüttelten und geiferten, ergriffen vom Heiligen Geist. So etwas gab es in vielen schwarzen Kirchen, und ich erkannte sofort, dass es reine Heuchelei war. Das Geschreie und Gestöhne *fühlte* sich einfach falsch an. Der Geist Gottes, das klang für mich wie etwas Wunderschönes, aber zwischen Gotteserfahrung und Kirche zog ich schon bald eine klare Trennlinie. Ich konnte Gott in den verlogenen Predigern so wenig erkennen wie in den Leuten, die sich am Boden wälzten. Aber ich erkannte ihn in Hollis, meinem ersten wahren Lehrer.

Dann, als ich sieben Jahre alt war, ließ meine Mutter uns zurück nach New York schicken. Acht von uns zogen zu ihr, nach Marcus Garvey, das eines der *projects* in Brooklyn war. Dort begann für mich eine andere Art der Ausbildung.

Unsere Wohnung befand sich in der Dumont Avenue, direkt gegenüber von der Betsy-Head-Parkanlage mit Freibad – ein höllischer, brutaler Ort, an dem sie dir deine Sneakers unter Garantie abzogen. Kinder aus verschiedenen *projects* – Brownsville, Tilden, Van Dyke und Marcus Garvey – hingen dort ab, und auf dem Basketballfeld nebenan hingen zwei Jungs rum, die beide Bighead Mike genannt wurden. Der eine war Mike Tyson, der andere war ein Drogendealer, der später auf der Vortreppe unseres Hauses rumballerte, in dem Versuch, einen anderen Dealer zu erledigen (bei dem es sich um meinen Freund Chili-Wop handelte).

An meinem zweiten Abend dort zogen mich die drei bereits erwähnten Teenager ab, als ich gerade in einen Laden wollte. Wieder zu Hause angekommen, fragte mich meine Mutter, was passiert sei. Als ich es ihr erzählte, schnappte sie sich mich und ein Fleischermesser und zerrte mich – noch immer in ihrem Nachthemd – zurück zum Laden, um diese Arschlöcher ausfindig zu machen. Auf diese Weise bekam ich einen Eindruck von der Familie, mit der ich nun lebte.

Tatsache ist aber, dass ich damals ein Nerd war: Meine Welt waren die Bücher, ich war ein »Yes, Sir, no, Ma'am«-Sager, ging jeden Sonntag in die Kirche. Wohnen mochte ich zwar in der *hood*, aber ich lebte in meinem Kopf. Das änderte sich im Sommer 1976.

In diesem Jahr geschah etwas in New York. Die Luft war mit einer Energie aufgeladen, die noch keinen Namen hatte. Und an jenem bestimmten Tag erfüllte diese Energie eine Blockparty in den Park Hill *projects* in Staten Island. Ich war auch dort, um meinen Cousin Gary zu besuchen, der später den Namen GZA annehmen sollte. Dort, wo die Kinder zwischen zwei Gebäuden Straßen-Baseball spielten, zapften ein paar DJs den Strom für ihre Soundsysteme von den Straßenlaternen ab. Ich weiß noch, wie ich dort aufschlug, den Sound hörte, die Energie spürte und mich hineinziehen ließ.

Die Musik kam von DJ Jones und den MCs Punch und Quincy. MCs, das sind die *microphone controllers* – also die Rapper, die gerade das Sagen haben. Sie sprachen ein paar sehr simple Reime ins Mikro, den ganzen Abend über immer nur dieselben zwei, drei Zeilen. Das war damals der Rap – ein, zwei Phrasen in Endlosschleife. Wie ein Mantra. Und als ich diesen Beat und diese Reime hörte, da überkam mich eine Euphorie, die ich nicht einmal erklären kann. Ich blieb schließlich den ganzen Abend lang dort und war erst um elf Uhr wieder zu Hause, wo meine Mutter mir den Arsch versohlte.

Aber an diesem Abend, auf diesem Parkplatz, habe ich die Liebe meines Lebens nach mir rufen hören.

Der Tag kühlte aus; ich tanzte mit einem Mädchen – mit meinen gerade mal acht Jahren schob ich mich an sie ran, tanzte den Wop, machte sie kirre. Dann hörte ich einen dieser MCs.

Damals wurden Lieder *gesungen*. Instrumente wurden *gespielt*. Dies war die Stimme eines Mannes, der über den Sound der Musik Worte sprach. Heute mag das verrückt klingen – seit damals habe ich Abertausende Texte geschrieben, von denen sich manche sogar bei den Südstaaten-Reimen bedienten, die ich von Hollis kannte. (Die schrieb ich für meine Gruppe Gravediggaz und unser erstes Album *6 Feet Deep*.) Aber an jenem Abend hörte ich zum allerersten Mal Worte, die über einen Beat gesprochen wurden. Schon im Johannesevangelium heißt es: *Im Anfang war das Wort*. Und für mich waren diese Worte nicht einfach nur Rap-Lyrics. Sie sprachen etwas tief in mir an. Fragt man meinen älteren Bruder, wird er einem berichten, dass ich im Alter von drei Jahren die Geschichten von Dr. Seuss gelesen habe, dem Kinderbuchautor – laut und dem Rhythmus der Reime folgend. Aber bis zu jenem Abend habe ich in meinem Kopf gelebt. Diese Worte und diese Musik, sie waren ein Ruf – ein Ruf, der jenes tief in mir wurzelnde Etwas zum Resonieren brachte. Sie waren ein Ruf, der meiner Seele galt. Ein Ruf, der sich in einem schlichten Party-Rap offenbarte, ein paar Zeilen nur, die sich durch den ganzen Abend zogen.

Rein in die Meute	*Dip-dip, dive*
Geh unter Leute	*So-so-cialize*
Putz dir die Ohr'n	*Clean out your ears*
Öffne die Augen	*Open your eyes*

Öffne deinen Geist,

deinen Körper und deine Seele

der Stimme Gottes,

aus welchem Gefäß sie auch

erklingen mag. Lass dich von ihr

in die Welt ziehen.

INSEL

EINE PARABEL ÜBER EINSAMKEIT

Ich habe meine prägenden Jahre in einem New Yorker Bezirk verbracht, der gleichzeitig eine Insel ist – Staten Island –, was sich als Segen erwies, der mich durch mein Leben begleitete. Vielen Kulturen gilt eine Insel als das perfekte Zuhause. Zunächst einmal, weil man von Wasser umgeben ist und Wasser Leben ist. Außerdem ist man dort fern der Massen, was es einem ermöglicht, zu sich selbst zu finden, innere Stärken zu entwickeln, die man nirgends sonst erlangen könnte. Eine Insel zeigt dir das wahre Wesen des Lebens.

In Staten Island waren wir, die Wu-Tang-*niggas,* von den Einflüssen und Hypes abgeschottet, die sich in den anderen vier Stadtbezirken abspielten. Ich bin davon überzeugt, dass diese Insel eine Ursprünglichkeit nährte, während alles, was sonst der Hip-Hop-Kultur zuzurechnen war, in ständigem Fluss war. Wenn man sich einen Film wie *Godzilla* anschaut, sieht man die Leute auf eine dieser abgelegenen, kleinen Inseln fahren, wo sie auf Mothra treffen. Mit uns war es das Gleiche. Eine neunköpfige Hip-Hop-Kombo mit Bezugnahme auf *Supreme Mathematics*, Schach, Comics und Kung-Fu-Streifen ist nicht etwa der Kunstszene Manhattans entsprungen. Nur auf einer abgelegenen Insel kann ein Wesen wie King Kong seine Kraft voll entfalten.

Als ich ein Haus draußen in New Jersey kaufte, war es ursprünglich als Wu-Haus gedacht, aber den anderen Jungs gefiel es dort überhaupt nicht – sie wollten lieber in der Stadt sein. Doch für mich war dieses abgeschiedene Haus, diese Insel, der beste Ort, um zu sein. Es ist ein Ort, an dem man die Antennen von den Dächern brechen möchte, um diesen Frequenzen zu entkommen, um der Hektik und der Negativität der anderen zu entkommen. Ein Ort, an dem man wieder mit seinen eigenen Stärken in Verbindung treten kann.

Mein Kung-Fu-Lehrer Sifu kam immer zu mir hinausgefahren, um mit mir zu trainieren. Mein Onkel, der sich ebenfalls für die Kampfkunst begeisterte, hat dort auch gelebt und trainiert. Ja, er hat sogar auf dieser Insel einen Stil entwickelt, den er *Universal African Fighting Style* nannte. Er wurde schließlich in die Hall of Fame der Martial Arts aufgenommen, weil er etwas ganz Besonderes erdacht hatte – eine Kombination aus Jiu-Jitsu, Karate und der Kampfkunst der Samurai.

Mein Onkel war von Moses Powell in das Kampfkunst-Thema eingeführt worden, einem Jiu-Jitsu-Experten, der einen Stil begründet hat, der sich *Sanuces Ryu* nennt. Bis zu seinem Tod im Jahr 2005 zählte Powell zur schwarzen Elite der amerikanischen Kampfkünstler. Er trainierte CIA-Agenten, machte sich für die Vereinten Nationen stark und unterrichtete Kämpfer in vielen verschiedenen Bereichen. Aber als mein Onkel sich von ihm unterrichten lassen wollte, sagte er ihm etwas Bedeutsames. »Was *du* hast, ist einzigartig.« Er ließ ihn wissen, dass er gesegnet sei, dass er bereits in sich trage, was er zu lernen hoffte.

Ich rate jedem dazu, sich in diesem Leben eine Insel zu suchen. Suche dir einen Ort, an dem unsere Kultur dir nicht die Energie rauben kann, an dem sie weder an deinem Willen noch an deiner Originalität zehren kann. Da alles Physische auch mentaler Natur sein kann, kann diese Insel auch dein Zuhause sein. Stell die elektromagnetischen Wellen ab, die dir aufgezwungen werden, die unzähligen unsichtbaren Kräfte, die unaufhörlich auf dich einstürzen.

Finde eine Insel;

blicke in dich hinein;

entdecke deine wahre Stärke.

DIE KUNST DES ZUHÖRENS

Ein Mensch denkt sieben Mal, bevor er spricht. Es ist schwerer, das Glas zu erschaffen, als es zu zerbrechen.

DIE ZWEITE SÄULE DER WEISHEIT

WISSEN

Am Rande meines Blocks stand dieser alte Mann
Ein schwarzer Immigrant aus dem Lande Sudan
Der Geschichten erzählte für die Kinder im Haus
Doch nicht ein Dollarschein füllte seine Taschen aus
Er kannte das Deuteronomium, die Wissenschaft der Astronomie
Hatte aber keinen Schimmer von den Grundlagen der Ökonomie

Lasst den Weisen sich als Narren nicht quälen
Zuerst muss jeder Mensch zwölf Edelsteine zählen:
Wissen, Weisheit und Verständnis, um dadurch zu erlangen
Freiheit, Gerechtigkeit, Gleichheit, Nahrung, Kleidung und Obdach
Dem folgen Liebe, Frieden und Glück

Er hatte den krausesten Kopf; ich sagte ihm, wahrhaft zufrieden
Ist, wer im großen Plan ein Ziel erreicht:
Wer schafft wie ein Sklave und wie ein König speist

On the corner of my block there stood this old man
A black immigrant from the land of Sudan
Who used to tell stories to the children in the building
But never had a dollar to keep his pocket filled in
He bombed, he knew Deuteronomy the science of astronomy
But didn't know the basic principles of economy

I say the wise man don't play the role of a fool
The first thing a man must obtain is Twelve Jewelz
Knowledge Wisdom Understanding to help you achieve
Freedom, Justice, Equality, Food, Clothing, and Shelter
After this, Love, Peace, and Happiness

He had the nappiest head, I told him total satisfaction
Is to achieve one goal in the scheme of things
He who works like a slave, eats like a king

GRAVEDIGGAZ, »TWELVE JEWELZ«

Als ich unten im Süden gelebt hatte, war Onkel Hollis mein Lehrer gewesen. In den Straßen New Yorks unterrichtete man sich gegenseitig. Cousins, Gauner, Gangster – sie alle waren Teil meiner erweiterten Familie, und jeder von ihnen hat mich etwas gelehrt. Mein Cousin Vinnie beispielsweise hat mich für Kung-Fu-Filme begeistert, als ich neun Jahre alt war. Er nahm mich mit in die Kinos der 42nd Street in Manhattan, wo sie drei Filme am Stück zum Preis von einem Dollar und 50 Cent zeigten. Dort sah ich zum ersten Mal *Die unbesiegbaren Fünf*, ein von Shaw Brothers, dem Studio, produzierter Film, der eine lebenslange Obsession in mir weckte. Als 1979 *Das Imperium schlägt zurück* herauskam, sprachen alle Kids in der Schule von diesem Film. Ich hielt dagegen: »Hast du *Die unbesiegbaren Fünf* gesehen?« – und keiner wusste, wovon ich da redete.

Aber 1980 führte ein anderer Cousin mich an eine weitere Form der Weisheit heran – eine, über die in der Schule nicht gesprochen wurde. Und für mich hat diese Form der Weisheit die ganze Welt verändert.

1978 und 1979 hindurch, während meiner Zeit in Brownsville – als ich Reime schrieb, dem Hip-Hop hinterherjagte und Kung-Fu-Streifen feierte –, fieberte ich immer meinen Besuchen im Süden entgegen. Ich erhoffte mir mehr Zeit unter vier Augen mit Onkel Hollis; ich wollte von diesem Mann lernen, der mir wie ein Vater war. Dann, nachdem ich ein gutes Jahr in Brooklyn gelebt hatte, kam mein Urgroßvater angereist, um mir die Nachricht zu überbringen: Mein Onkel Hollis, eigentlich mein Großonkel, war einem Herzinfarkt erlegen.

Das war vermutlich das letzte Mal, dass ich weinte, bis dann Jahrzehnte später meine Mutter starb. Und mit »weinen« meine ich *weinen, weinen, weinen*, so wie sie in der Bibel weinen – ein zähneknirschendes Heulen. Es war die schmerzlichste Erfahrung meines Lebens, und sie zementierte meine Armut. Nach Hollis' Tod gab es zu diesem Teil der Familie keine Verbindung mehr. Jetzt lag meine Mutter mit der Miete vier Monate im Rückstand, der Vermieter machte Druck, wir sollten ausziehen. Wir standen kurz davor, unser Zuhause zu verlieren – das kleine bisschen, das wir hatten, sollten wir auch noch hergeben.

Aber genau um diese Zeit herum stellte mein Cousin Daddy-O mir eine Frage. Er sagte: »Yo, hast du von diesen Zwölf Edelsteinen gehört?«

Ich hatte keine Ahnung, was er meinte. Daddy-O war ein Hustler, eine Art Straßengauner, ein cooler Typ, kein spiritueller Mensch. Aber wie sich herausstellte, war er auch ein Muslim, jemand, dessen anderer Name, dessen rechtschaffener Name, »Born Knowledge« lautete. Er erklärte mir, dass er nicht von echten Edelsteinen sprach, wie manche Typen in der *hood* sie trugen, um ihren Reichtum zur Schau zu stellen. Er redete von geistigen Edelsteinen – Prinzipien, Lebensstilen –, und davon, dass, wer in Besitz dieser Edelsteine käme, eine andere Form von Reichtum erlangen würde. Diese Edelsteine, sagte er, seien Teil der sogenannten Lektionen – Lehren der *Nation of Islam.*

Es sollte ein oder zwei Jahre dauern, bis ich erneut von diesen Lektionen oder der Nation of Islam hörte. Genau genommen soll man gar nicht zuerst von den Zwölf Edelsteinen erfahren – sie stehen erst an dritter Stelle, hinter den *Supreme Mathematics* und dem *Supreme Alphabet.* Aber damals wollte ich einfach nur alles über diese Edelsteine in Erfahrung bringen. Und selbst heute noch sind sie das Gebot, das ich zuvorderst verfechte.

Die Edelsteine sind die folgenden: Wissen, Weisheit, Verständnis, Freiheit, Gerechtigkeit, Gleichheit, Nahrung, Kleidung, Obdach, Liebe, Frieden und Glück. Jeder Edelstein hat seine eigene profunde Bedeutung, und um jeden Einzelnen von ihnen zu erlangen, braucht es Arbeit und Meditation, aber eines folgt dem anderen, wie in einer Kettenreaktion.

Zunächst erlangt der Mensch das Wissen, womit Wissen über das Selbst gemeint ist – Selbstkenntnis also. Dann erlangt er Weisheit, womit die Reflexion dieses Wissens gemeint ist. Danach erlangt er Verständnis, womit das Vermögen gemeint ist, das eigene Handeln an der Weisheit auszurichten. Das Verständnis öffnet ihm die Augen dafür, dass er Freiheit hat – dass sein Tempel *frei* von Ignoranz ist –, was bedeutet, dass er einen freien Willen hat. Doch Freiheit unterliegt einem Gesetz: dem Gesetz der Gerechtigkeit. Das bedeutet, dass es mir zwar freisteht, dich ins Gesicht zu schlagen, es gilt jedoch das Prinzip der Gerechtigkeit: Für mein Handeln wird es Belohnung oder Strafe geben. Deshalb muss ich mich mit der Gleichheit befassen, denn alle Menschen sind einander gleich erschaffen. Indem wir einander gleiche Rechte gewähren, aktivieren wir Freiheit, Gerechtigkeit und Gleichheit beziehungsweise Gleichberechtigung – die Edelsteine Nummer vier, fünf und sechs.

All das sind nun Dinge, die den Charakter des Menschen stärken. Und nachdem man sie erlangt hat, ist man in der Lage, nach Nahrung, Kleidung und Obdach zu streben – die jeweils auch eine physische und eine mentale Bedeutungsebene haben. Natürlich meint Nahrung Lebensmittel, ein Obdach ist ein Zuhause und Kleidung bedeutet Schutz. Aber *mentale* Nahrung ist Nahrung vom Baum des Lebens – Weisheit, Wissenschaft, Geschichte, Nahrung für den Verstand. *Mentale* Kleidung beschreibt die eigene Haltung – wie man geht, wie man sich bewegt und spricht. Wer sich in Rechtschaffenheit kleidet, an dem sehen auch die schäbigsten Klamotten würdevoll aus. Und mentales Obdach meint den Schutz des Verstandes vor der bösen Atmosphäre – vor den Lügen und der Korruption der äußeren Welt. Wer also über diese drei Edelsteine verfügt, der wohnt wie ein König, selbst wenn er in einer Hütte lebt.

Es dauerte nicht lange, und ich lebte genauso. Kaum dass Daddy-O mir von den Edelsteinen erzählt hatte, wurde meine

Familie aus ihrem Zuhause geworfen. Meine beiden Brüder und ich endeten bei unseren Großeltern, 64 Targee Street in Staten Island. Die einzige Mathematik, die dort praktiziert wurde, war das Addieren. Anfangs waren wir zu fünft. Dann kehrten meine Tante und ihr Ehemann von der Armee zurück und zogen mit ihrer Tochter bei uns ein. Wir waren zu acht. Einen Monat darauf zog mein Onkel aus Minnesota zu uns, ebenfalls mit seiner Frau und seiner Tochter. Jetzt waren wir elf. Dann erschien plötzlich mein anderer Onkel, der schwul war, auf der Bildfläche, zusammen mit seinem Freund, der sich wie eine Frau anzog – und auch sie zogen bei uns ein. Wir waren dreizehn. Das ging so weiter, bis ich neunzehn Leute zählte, die zusammen in einer Dreizimmerwohnung lebten. Dein Bett war dort, wo du dir eben ein Plätzchen auf dem Fußboden sichern konntest. Und zugedeckt hast du dich mit diesen grauen Wolldecken, die Möbelpacker nutzen, um das Mobiliar zu schützen.

So sieht Armut in den Vereinigten Staaten von Amerika aus – sie ist etwas, was dich klein werden lässt, deinen Horizont beschränkt, dir die Sicht vernebelt. Aber selbst als ich so leben musste, hatte ich die Zuversicht, dass mein Geist mein Umfeld verändern könnte, dank der Dinge, von denen Daddy-O mir erzählt hatte. Die *Mathematics* sollten zu meinem ersten Leitprinzip werden, aber die Edelsteine hatten den größten Einfluss auf mich. Und das liegt vielleicht an dem Zeitpunkt, zu dem sie mich gefunden hatten – als mir alles andere gerade genommen wurde.

Das Konzept der Edelsteine ließ mich verstehen, dass vielleicht mein Körper sich in der Hölle befinden mochte, mein Geist aber nicht. Die meisten Menschen lassen ihren Körper ihren Geist führen. Wenn jemand drogensüchtig ist, dann ist es der Körper, der nach der Droge giert. Heroin schafft eine physische Abhängigkeit: Wenn man es nicht mehr bekommt, wird man krank. Doch auch wenn dein Körper süchtig danach ist, züchtigt dein Verstand, dein Geist, dich jedes Mal, wenn du das Zeug nimmst. Verfügt dein Geist über jene Zwölf Edelsteine, so führt er deinen Körper. Selbst wenn du dich in einer körperlichen Hölle befindest, erlaubst du also deinem Geist, deinen Körper ins Himmelreich zu führen, indem du nach den Zwölf Edelsteinen strebst.

Du erlangst nicht alle Zwölf Edelsteine mit einem Mal – du musst dich um sie bemühen, musst dich auf sie vorbereiten. Wenn du aber die ersten neun erlangt hast, dann bist du bereit, dir ein wahrhaft zufriedenstellendes Leben zu schaffen. Denn dann kannst du Liebe erlangen, die die höchste Erhebung des Verstehens darstellt – ob nun zwischen zwei Menschen oder zwischen allen Angehörigen der Menschheit. Und wenn du Liebe erlangt hast, dann hast du Frieden, und dem folgt schließlich Glück – womit totale und vollständige Zufriedenheit mit dem Selbst gemeint ist. Das bedeutet, dass du erkennst, dass nichts und niemand anders dich glücklich machen kann. Glücklichsein ist etwas, was du von dir selbst bekommst. Wenn du gänzlich zufrieden mit dir selbst bist, kann dir das niemand nehmen.

Jahre später habe ich begriffen, dass dieses Prinzip – der letzte der Zwölf Edelsteine –, für jeden gilt, überall in der Welt. Zwei Jahrzehnte nach meiner Zeit in der Targee Street ging ich nach Westafrika – als reicher und berühmter Mann. Ich besuchte meinen Cousin und Wu-Tang-Bruder Ghostface, der sich dort wegen seines Diabetes behandeln ließ, von einem Medizinmann, den ihm sein Kräuterarzt in Staten Island empfohlen hatte. Um in das Dorf dieses Medizinmannes zu kommen, musste man weit nach Benin hinein reisen – die nächste Stadt war mehrere Stunden entfernt. Es gab dort kein fließendes Wasser; die Menschen lebten in Lehmhütten und schliefen auf dem Boden. Damals hatte ich bereits im Plaza-Hotel in Atlantic City gelebt, in einem Zuhause, das eine Million Dollar wert war; ich hatte Millionäre und sogar Milliardäre kennengelernt. Direkt vor meiner Abreise nach Benin hatte ich im Metropolitan-Hotel in London gewohnt, davor im Grand-Hyatt-Hotel in Paris sowie im Londoner Haus von Richard Branson, dem Mogul, der Virgin Records gegründet hat. Ich reiste aus einer Welt größten Wohlstands nach Westafrika und wurde dort mit einem neuen Verständnis von Armut gesegnet.

Der erste Ort, den man vom Flughafen aus erreicht, ist Cotonou, eine übervolle Stadt mit etwa einer Million Einwohnern. Die Menschen dort leben allesamt in Wohnblöcken, und sie streben nach einem westlichen Lebenswandel. Aber als Ghost mich dort abholte, hatte er bereits eine Weile im Dorf gelebt. Er trug ein afrikanisches Dashiki (ein weites, meist farbenfrohes, knopfloses Oberbekleidungsstück); sein Haar hatte er wachsen lassen, er trug einen Vollbart. Er sah aus wie ein afrikanischer Dorfbewohner. In den Straßen von Cotonou begegnete man Ghost mit Geringschätzung. Mir gegenüber verhielten sie sich jedoch freundlich – sie wollten mir die Hand geben, trugen mir ihre Freundschaft an –, weil ich meine Hip-Hop-Klamotten trug. Mich hielten sie für jemanden, in Ghost sahen sie einen Niemand. Sie eiferten Amerikanern nach.

Mit Ghost und einem Mann, der die rechte Hand des Medizinmannes war, stieg ich in einen heruntergekommenen Peugeot, und los ging es in Richtung Dorf. Dort angekommen, fiel mir noch etwas anderes auf. In der Stadt hatte fast jeder, dem ich begegnet war, die Hand aufgehalten – entweder weil sie mich um etwas baten, oder weil sie mir etwas verkaufen wollten. Als wir im Dorf ankamen, hatte jeder seine Hand ausgestreckt, um mir etwas anzubieten – etwas zum Essen, zum Beispiel, oder Wegbeschreibungen und andere Arten von Hilfsangeboten. Sie besaßen hier weniger, boten aber mehr an.

Ich hatte ein paar Kung-Fu-Streifen mitgebracht, weil Ghost richtig geil darauf war und auch der Medizinmann auf Kung-Fu stand. So saßen wir dann also in einer Hütte vor dem einzigen Fernseher, den es im Dorf gab, und schauten uns *Blade of Fury* an – ein großartiger Film über eine Revolution, bei der alle Revolutionäre getötet werden, mit Ausnahme eines Jungen, und trotzdem ist der Meister glücklich, weil er erkennt, dass die Revolution weitergeführt werden wird. Während wir uns den Film ansahen, standen alle Kinder des Dorfes draußen und schauten durch das Fenster. Wir, die verehrten Gäste, saßen drinnen.

Jahre zuvor, als wir in den *projects* von Park Hill lebten, hatten wir uns immer gefragt, warum die Afrikaner, die dorthin zogen, so glücklich schienen. Genau wie bei uns, mussten sich zu viele von ihnen in ein Zimmer zwängen, aber sie waren glücklich. Es *gefiel* ihnen in den *projects*. Wir hassten die *projects*. Wenn man in Magazinen und im Fernsehen laufend sieht, dass es Leute gibt, die Arbeit haben und in einem Haus leben, dann sind die *projects* der schlimmste aller Orte. Für die Jungs aus den kalifornischen Gangs hatten wir kein Verständnis. Ich beschwerte mich immer: »Die verticken ihren Kram an jeder Ecke, und diese Hurensöhne leben in *Häusern*. Wir quetschen uns hier in Wohnungen, wo sich zwei *nigga* auf dir stapeln und zwei neben dir, und du hörst jeden Schritt, den die Nachbarn machen.«

Aber in Afrika sah ich, wie die Menschen auf dem nackten Boden lebten. Sie hatten nichts als Nahrung, Kleidung und

Obdach – und eine Liebe sich selbst gegenüber. Und deshalb hatten sie Glück, den zwölften Edelstein. Sie steckt in jedem von uns. Die westliche Kultur macht es uns nur schwerer, sie zu finden.

Natürlich habe ich damals, als ich noch ein Kind war, nicht allzu angestrengt danach gesucht.

Ein Jahr nachdem Onkel Hollis gestorben war und Daddy-O mir von den Zwölf Edelsteinen erzählt hatte, hatte ich mich in meinem Ghetto-Dasein eingerichtet. In diesem Alter spielen sich irre Dinge im Leben eines Menschen ab, und 1980 war ich dann ein Kind der Straße, ein Hip-Hop-Strolch. Die Schule hasste ich; sie war für mich immer nur ein Warten auf die Wochenenden, an denen ich mit meinem Cousin Gary abhing, der später zu GZA wurde, oder mit meinem anderen Cousin Russell, aus dem schließlich Ol' Dirty Bastard wurde. Im Jahr zuvor war »Rapper's Delight« von der Sugar Hill Gang erschienen und hatte uns gezeigt, dass sich Reime wie unsere auf Platte bringen ließen. Deshalb schrieb ich in diesem Jahr mindestens zwanzig Songs – Texte, die ich über die R&B-Platten meiner Mutter legte.

Gary war ein paar Jahre älter als ich und derjenige, der mich an den Hip-Hop heranführte, weshalb ich natürlich zu ihm aufblickte. Und eines Frühlingstages öffnete dieser Respekt mir das Tor zur Erleuchtung. Man könnte sagen, dass Hip-Hop das Gefäß war – aber Allah war die Botschaft.

Damals lebte ich in der 64 Targee Street; gleich um die Ecke waren die *projects* von Stapleton. Gary wohnte in den *projects* von Park Hill, in der 55 Bowing Street – eine der ruppigsten Gegenden von New York. Um dort hinzugelangen, konnte ich entweder die Straße außerhalb der *projects* geradeaus hinunterlaufen, oder ich konnte zum Laden, dann durch Stapleton und schließlich durch Park Hill laufen.

Ich war, warum auch immer, die Sorte Kind, die zwei *projects* durchquerte, um sein Ziel zu erreichen.

Zuerst ging ich zum Laden – ein kleiner, puerto-ricanischer Eck-Kiosk – und fragte Mr Harry, den Typen mit dem Hotdog-Wagen, nach etwas zu essen. Ich sagte: »Mr Harry, ich hab' kein Geld, kann ich 'nen Donut haben?« Und er gab mir einen Donut, manchmal auch einen Hotdog. Anschließend ging ich weiter, in die *projects* hinein.

Dort gab es alles: Musik, Menschen, Klang, Farbe – dieser Ort *lebte.* Damals feierten sie dort ständig »Blockpartys« – DJ Jones, Dr. Rock und die Force M.D.s –, die sich immer im Park oder auf dem großen Platz abspielten. An diesem einen schönen Tag im Mai kam ich also für den Hip-Hop in jene *projects* – um die Musik in den Straßen zu hören und Reime mit Gary zu schmieden. Doch nach Hause ging ich mit etwas viel Tiefgreifenderem.

Kaum war ich dort aufgetaucht, fiel mir auf, dass mit Gary etwas anders war als sonst. Zunächst einmal hatte er einen anderen Namen. Wir nannten ihn immer bei seinem amtlichen Namen, Gary, bei seinem Spitznamen, Buck, oder bei seinem Rapper-Namen, Gangsta G. Aber an jenem Tag sagte er: »Mein Name ist Allah Justice.« Dann erzählte er mir von dem Wissen: der ersten Studienkammer in der *Nation of Gods and Earths.*

Er sagte: »Yo, das Wissen ist die erste Grundlage allen Lebens.« Und ich dann so: »Wie meinst'n du das?« Wir standen vor dem Mietshaus, in dem er wohnte, einen Block entfernt von dem Ort, an dem ich vier Jahre zuvor meine erste Hip-Hop-Party erlebt hatte. Aber als GZA dann anfing zu sprechen, schlug das, was er sagte, aus irgendeinem Grund noch massiver bei mir ein als die Reime der MCs, die ich an jenem Abend gehört hatte.

Er erzählte mir von den *Mathematics*, von dem Wissen um das Selbst und von Gott. »Gott ist kein Geist«, sagte GZA. »Gott ist *du*; er ist in dir.« Dann zeigte er mir ein Blatt Papier, an dessen oberen Rand in fetten Buchstaben stand: »Aller Lobpreis gebührt Allah, der Herr der Welten ist.« Es handelte sich um die erste Seite der *Göttlichen Lehren* der Nation of Gods and Earths.

Die Nation of Gods and Earths, auch bekannt als *Five Percent Nation*, war die Nachfolgegeneration der *Nation of Islam*, deren Lehren Giganten wie Malcolm X und Muhammad Ali geprägt hatten. Die neue Schule war 1964 ins Leben gerufen worden, von einem Predigerschüler aus Harlem, den man damals unter dem Namen Clarence 13X kannte und den wir heute Father nennen. Er war auf der Suche nach einer Methode, mit der man die schwarze Jugend Amerikas auf schnellere und wirkmächtigere Weise an diese Lehren heranführen konnte; also komprimierte er sie auf einen philosophischen Kern, den er die *120* nannte und der die Grundlage der Lehren darstellt, wie sie die Five Percent Nation lehrte – Lektionen, die meinen Cousin Gary in Allah Justice verwandelt hatten.

Am Ende unseres Gespräches gab Allah Justice mir diese erste Seite der Lehren, damit ich sie selbst durchlesen konnte. Da war ich schon meilenweit entfernt von Onkel Hollis und seinen Büchern. Niemand sonst, den ich respektierte, sagte mir, dass Bildung wichtig für mich sei, aber GZA tat es. Er sagte mir, dass ich mich bilden und auf eigene Faust nach Wissen suchen solle. Wir tauschten uns noch ein klein wenig aus, dann ging ich wie in Trance nach Hause.

Während ich die rund anderthalb Kilometer lief, hörte ich es die ganze Zeit in meinem Kopf tönen: »Gott, Gott, Gott.« Ich lief an einem Fish-and-Chips-Laden vorbei, aus dessen

Inneren das Klingeln eines Flipperautomaten drang. »Gott, Gott, Gott ...« Ich kam an einem chinesischen Restaurant vorbei, an einer Pizzeria. »Gott, Gott, Gott ...« Ich lief die Targee Street entlang, vorbei an den Sozialbauwohnungen in Stapleton, die bedrohlich wie der Todesstern über mir aufragten. »Gott, Gott, Gott ...« Dann kam ich an einer christlichen Kirche vorbei.

Draußen auf der Straße zirkulieren spirituelle Botschaften in Form von Flugblättern und Broschüren. Als ich auf Höhe besagter Kirche war, drückte mir ein dort herumstehender Typ eine Broschüre in die Hand. »Das Brot des Lebens«, stand darauf. Ich nahm sie und lief weiter.

Als ich wieder daheim war, hatte ich mir schnell eingeprägt, was auf dem Blatt stand, das GZA mir gegeben hatte – die erste Seite der Lehren der *Mathematics*. Aber ich hungerte immer noch nach Wissen. Also prägte ich mir auch ein, was in der christlichen Broschüre stand, in der es um das Johannesevangelium ging. Die Geschichten aus der Bibel hatte ich schon mein ganzes Leben lang gehört, aber jetzt schwirrte dieser individualisierte Wissensbegriff durch meinen Kopf, und dadurch erschienen mir die Lehren der Bibel stärker. Diesmal verstand ich, wie die Bibel zu lesen war, dass darin zu finden war, was wirklich in meinem Herzen war – und nicht etwa, was irgendwer mir erzählen wollte. An diesem Abend begann ich, die Bibel zu lesen. Und ich las weiter, bis ich sie ausgelesen hatte.

Der chinesische Philosoph Mengzi schrieb: »Wahrheit zur Unzeit trägt keine Früchte.« Für mich bedeutet das zweierlei, Erstens: Für jede Art von Wissen gibt es die richtige Zeit, den richtigen Ort. Zweitens: Die persönlichen Charakteristika der Überbringer großer Botschaften sind für gewöhnlich irrelevant. So heißt es beispielsweise, dass Martin Luther

King jr. ein notorischer Ehebrecher gewesen sei. Spielt das eine Rolle? Gilt dein Glaube der Botschaft oder ihrem Überbringer? Ich glaube an die Botschaft. Aus diesem Grund überspringe ich auch, wenn ich bestimmte Bücher lese oder Filme sehe, die Namen der daran Beteiligten: Um zu vergessen, wer es gesagt hat, solange es wahr ist. Aus irgendeinem Grund war das schon immer meine Einstellung – dass Wissen, wie Gott ist, dass man es wie ihn überall finden kann, hinter Labeln und Images. Östliche Philosophie, das Christentum, Comichefte, Kung-Fu: Sie alle enthalten Wahrheiten, und jede Wahrheit hat ihre Zeit – ob nun im Lauf der Geschichte oder in deinem eigenen Leben. Und im Frühling 1980 wurde ich mit der Wahrheit der *Divine Mathematics* gesegnet, durch GZA, meinen Cousin, der mich erleuchtet hat.

Am nächsten Tag, nachdem ich die ganze Nacht über wach geblieben war, um die Bibel zu lesen, ging ich wieder zu ihm und zitierte die ersten Lehren, die er mir gegeben hatte. Das beeindruckte ihn, und er gab mir weitere Lehren mit. Es war an der Zeit für mich, Wissen zu finden, doch das bedeutete, dass ich zunächst Selbstkenntnis erlangen musste, eine Kenntnis meiner selbst.

Das ist eine Form von Wissen, die man nicht suchen kann. Sich selbst zu erfahren und zu verstehen, ist etwas, das man geschehen lassen muss – durch Meditation, durch Zeit, die man allein und in Stille verbringt, durch Kontemplation. Wer in den frühen Achtzigerjahren zu den *Mathematics* fand, der musste drei Tage lang fasten, bevor man ihm das Wissen weitergab und seine Ausbildung beginnen konnte. Das war in etwa wie der Test, dem sich die Novizen des Shaolin unterziehen müssen, um zu beweisen, dass sie in sich ruhen und strebsam sind. Ich machte das im Alter von elf Jahren.

Nachdem ich mein Studium der Lehren offiziell begonnen hatte, gab GZA mir die restlichen *Divine Mathematics* und auch das *Divine Alphabet.* Dann musste ich einen Namen wählen. Ich solle mir meinen Namen selbst ausdenken, sagte GZA. Ich dachte lange darüber nach, bis mir schließlich Rakeem einfiel. Er willigte ein, weil er mich so »Ra« nennen konnte und meine Mutter glauben würde, er nenne mich »Rob«.

Das war wichtig – Eltern warfen ihre Kinder raus, weil sie sich diesen Lehren widmeten und neue Namen annahmen.

Die Five Percent hatten den Ruf einer Gang; sie galten als bösartige, furchterregende Kriminelle. Selbst ich hatte, als ich GZA das erste Mal über die Five Percent hatte reden hören, zuallererst gedacht: *Moment mal, sind das nicht die Typen, die letztes Jahr meinen Onkel zusammengeschlagen haben?* Sie hatten diesen Ruf, weil viele von ihnen harte Kerle mit Knasterfahrung waren, die ihrem Lebenswandel nie wirklich abgeschworen hatten, die die Lehren also nicht in rechtschaffener Weise lebten – oder sagen wir einfach, ihre Umsetzung der Lehren war unvollkommen. Sie hielten noch an ihrer negativen Seite fest. Wie sich herausstellen sollte, war das bei mir nicht anders.

Ich fing an, die Lehren mit meinem Bruder Universal King zu studieren. Ich liebte King ohne Ende, aber als großer Bruder war er ein Tyrann. Heute verstehe ich, dass er uns alle zu Kriegern gemacht hat, aber während unserer Kindheit war er uns gegenüber so brutal, dass ich ihn nicht mochte. Es war also gut, dass wir etwas hatten, was unsere Liebe zueinander nähren konnte, aber damit war nicht mehr als ein Anfang gemacht. Irgendwann erreichten wir einen Punkt, an dem meine Frustration über ihn sich zwischen mich und die Rechtschaffenheit stellte. Eines Tages kämpften wir miteinander, wobei ich wie üblich den Kürzeren zog, und nach diesem Kampf sagte ich zu ihm: »Fick dich! Ich scheiß' auf Rechtschaffenheit!« Und dann aß ich vor seinen Augen ein Schweinekotelett – mit Reis und in Soße ertränkt. Ich dachte mir, dass das die einzige Möglichkeit sei, ihm wehzutun. Als ich das tat, hörte ich auf, die Lehren zu lesen. Aus Wut hörte ich auf, an sie zu glauben.

Aber etwa ein Jahr danach saß ich am Tisch im Haus meiner Großmutter und der Freund meiner Tante war gerade dort. Er war heroinabhängig und offensichtlich in mieser Verfassung: zerzaustes Haar und Zottelbart – er sah ein bisschen so aus wie ein Alki-Jesus –, und immer wieder pennte er weg. Meine Großmutter machte etwas zu essen und fragte ihn: »Magst du ein paar Hotdogs, Donald?« Und er antwortete: »Wehe, da ist Schwein drin.« Als ich ihn das sagen hörte – es war kaum mehr als ein benommenes Nuscheln –, fühlte ich mich angesprochen. Dann schaute er mich an und sagte: »Die Lehren stimmen; die Götter haben recht.« Mit diesen Worten stand er auf und ging, und mein Herz öffnete sich wieder.

In gewisser Hinsicht war dieser zugedröhnte, krausköpfige Junkie ein Engel für mich. Er lebte nicht mehr nach den Lehren, und das sah man ihm an. Was ich aus seinen Worten heraushörte, war Folgendes: »Diese Lehren werden dir das Leben retten.« Ich war zwölf Jahre alt. Dieser Abend brachte mich wieder auf den rechten Pfad.

Die Sache ist nämlich die: Manchmal braucht es mehr als nur einen Ruf. Der Engel sprach zu Mohammed: »Lies!« Mohammed war Analphabet und sagte: »Ich kann nicht lesen.« Und wieder sagte der Engel: »Lies!« Mohammed entgegnete: »Ich kann nicht lesen.« Und da sagte der Engel: »Im Namen Allahs, der den Menschen aus einem Tropfen

Blut erschuf – LIES!« Und da erst, beim dritten Mal, fühlte Mohammed es.

Das erste Mal wurde ich gerufen, als Daddy-O mir von den Zwölf Edelsteinen erzählte. Ich hörte den Ruf, folgte ihm aber nicht. Das zweite Mal wurde ich gerufen, als GZA mich erleuchtete und auf den rechten Pfad brachte, den ich aber aus Zorn wieder verließ. Der dritte Ruf kam von einem Drogenjunkie, von einem Mann, der einmal über Selbstkenntnis verfügte, sie dann jedoch verloren hatte – und der nun ins Dunkel driftete. Sein Ruf war der gleiche wie die ersten beiden, aber er war lebendes Beispiel dafür, was passiert, wenn man vom Weg abkommt.

Von da an widmete ich mich wieder ganz den Lehren und meisterte sie in sieben Monaten. Ich erzählte es niemandem. Ich fastete, ohne dass die anderen es mitbekamen. Ich lernte nur im Badezimmer. Und als ich schließlich das Level 1-bis-14 erreicht hatte, auf dem auch mein Bruder sich befand – ein Level, das es dir ermöglicht, ein Mann zu sein und zu verstehen, was das wirklich bedeutet –, da sagte ich es ihm. Wir waren wieder Brüder – aber auf eine tiefgreifendere Weise als zuvor. Der dritte Ruf war mein letzter Ruf. Ich war überzeugt. Und als ich diese Lehren erst einmal gemeistert hatte, war ich in der Lage, jeden Schritt meines Lebens zu verstehen.

Die Lehren beginnen mit den *120*. Das sind einhundertzwanzig Lektionen oder Stufen, die dir helfen, die Beziehung zwischen Mensch und Universum zu verstehen. Ich lernte die *120* schneller als irgendwer sonst in meiner Nachbarschaft und hatte sie schon verinnerlicht, als ich zwölf Jahre alt war. Aber erst später begriff ich, wie tiefsinnig sie tatsächlich waren, in welchem Bezug die Weisheit der *Mathematics* zu den Edelsteinen der östlichen und westlichen Philosophie, aber auch zu wissenschaftlichem und religiösem Denken stand – und zu dem Wissen, das ich bereits im Herzen trug. Der Grund dafür liegt darin, dass die *Mathematics* sich auch in den Worten Euklids beschreiben lassen, der sagte, Mathematik sei »eine Beschreibung der Gedanken Gottes«. Und wer zu Gott gelangen will, für den gibt es nur einen Weg: Er muss ihn in sich selbst finden.

Aber die Unterweisungsmethoden der *Mathematics* haben eine eigene Kraft. Als der Father, Clarence 13X, diese Lehren an die verlorenen und verwirrten jungen schwarzen Männer herantrug – junge Männer, wie ich selbst einer war –, versprach er ihnen eine Verwandlung, die die Lehren tatsächlich bewirken. Fakt ist: Wer sich der Strenge eines Studiums mit den Göttern unterwirft, wird danach wahrhaftig eine andere Person sein.

Bei den *120* handelt es sich letztlich um einhundertzwanzig Fragen und Antworten.

Die ersten davon, die die 1-bis-10 genannt werden, sind zehn Fragen, von denen die erste lautet: »Wer ist der ursprüngliche Mensch?« Die Antwort lautet: »Der ursprüngliche Mensch ist der asiatisch-schwarze Mensch, der Erzeuger, der Besitzer, der Stolz des Planeten Erde, Vater der Zivilisation und Gott des Universums.« Man muss sich jede Frage und ihre Antwort wortwörtlich einprägen; jeder einzelne Artikel, jedes Nomen und jedes Verb müssen stimmen. Auf die 1-bis-10 folgen die 1-bis-36, wobei es sich um sechsunddreißig Lektionen handelt. Als ich diese lernte, sagte ich beispielsweise immer: »Mein Name ist Prinz Rakeem, ich kam allein nach Nordamerika. Mein Onkel wurde von einem Sklavenhändler hierhergebracht, vor dreihundertneunundsiebzig Jahren. Mein Onkel weiß nicht, dass er mein Onkel ist. Er spricht seine eigene Sprache nicht.« Und so gehen die Lektionen immer weiter.

Hat man diese gemeistert, geht es mit den 1-bis-14 weiter, die intensiver, anstrengender sind. Hier sind die Antworten bereits seitenlang. Wer sie gelernt hat, der hat Abertausende Wörter in präziser Reihenfolge im Gedächtnis abgespeichert. Die Lehre, an der die meisten Leute hängen bleiben, ist die vierte der 1-bis-14, die den Begriff der Kultur erörtert. Diese Lehre befasst sich mit einem Mann namens Yakub (oder Jakob, in der biblischen Entsprechung), dem Vater der Weißen. Womit sich die Lernenden hier schwertun, ist nicht die Vorstellung, dass die weiße Rasse ein teuflisches Experiment gewesen ist – jedes in Armut lebende schwarze Kind hat irgendwann in seinem Leben schon so empfunden –, sondern die Länge der Frage und die Präzision ihrer Formulierung. Die Frage lautet wie folgt: »Warum treiben wir Yakub und seinen erschaffenen Teufel von den Wurzeln der Zivilisation über die heiße Wüste Arabiens in die Höhlen Westasiens, wie sie Europa jetzt nennen? Was ist die Bedeutung von *E.U.* und *Rope*? Wie lange ist es her? Was brachte der Teufel mit sich? Welche Art Leben lebte der Teufel damals? Wie lange sollte es noch dauern, bis Musa kam (der biblische Moses), um dem Teufel das vergessene Trick-Wissen beizubringen?« Und das ist bloß die Frage. Man kann sich ausmalen, wie lang die Antwort ausfällt. Und es ist nicht einmal die längste Passage.

Für viele Leute aus dem Ghetto war das die Bildung, die sie genossen haben. Ich habe Brüder kennengelernt, die gerade mal die fünfte Klasse abgeschlossen hatten, aber dank dieser Lehren tatsächlich auch Gelehrte waren. Sie lernten Geologie, Geometrie, Astronomie, Physik, Geschichte – all das in Form der Lehren. Welchen Umfang hat die Erde? »Der Umfang des Planeten Erde beträgt ungefähr 40 000 Kilometer.« Welchen Durchmesser hat die Erde? »Die Erde hat einen Durchmesser von 12 742 Kilometern.« Die Anzahl der Quadratkilometer der gesamten Erdoberfläche – die Anzahl der Quadratkilometer der Wasserfläche, die Anzahl der Quadratkilometer der Landfläche. Das Gewicht des Planeten. Lichtgeschwindigkeit und Schallgeschwindigkeit. Man lernte mehr, als man in der Schule je gelernt hätte.

Die Lehren sind eine Landkarte, sie zeigen den Weg zur Verwirklichung – sie liefern eine Wegbeschreibung in zwei Schritten. Der erste Schritt, beziehungsweise die erste Stufe, ist das Wissen. »Doing the knowledge« nennen wir diese erste, auf jede Situation anzuwendende Aufgabe, was so viel bedeutet wie: das Wissen herleiten und verinnerlichen, indem wir hinsehen, zuhören und beobachten und es TUN. Aber die Macht der Lehren kam nicht nur von den Informationen, die sie lieferten; sie rührte auch aus ihrem Wortlaut her und aus den Kadenzen. So wie es auch heißt, dass der Koran nur wirklich verstanden werden kann, wenn man ihn auf Arabisch liest, was ebenfalls dem Rhythmus der Sprache geschuldet ist. Der Akt des Auswendiglernens, des Internalisierens der Lehren verwandelt dich; dein Verstand wird dadurch gestärkt.

Britische Forscher haben vor einigen Jahren eine Studie mit Londoner Taxifahrern durchgeführt. Man hat Hirnscans gemacht und festgestellt, dass die Fahrer, die den Job am längsten machten, die größten Hippocampi hatten – das ist der Teil des Gehirns, der für unser Gedächtnis, für die Erinnerung zuständig ist. Ihre Gehirne waren also buchstäblich größer und wiesen eine veränderte Struktur auf, weil diese Leute das Straßennetz der Stadt gemeistert hatten. Als qualifizierende Maßnahme muss jeder Taxifahrer eine Ausbildungsphase durchlaufen, während derer er sich die Geografie der Stadt zu eigen macht. Und wie nennen sie diese Phase? *Doing the knowledge.*

Ich für meinen Teil glaube daran, dass die Lehren uns etwas bieten, das jeder Mensch braucht, egal, welcher Ethnie er angehört: ein Verständnis für Verhältnismäßigkeiten – für die Größe der Welt, das Ausmaß des Universums, die Stellung des Menschen. Die Erde hat nicht einmal 150 Millionen Quadratkilometer Landfläche, und nur etwas mehr als 75 Millionen davon sind nutzbar. Diese Art von Information erdet dich, sie schrumpft deine Probleme und erweitert gleichzeitig deinen Horizont. Ihre Weisheit findet sich in den Zeilen eines Songs von Rakim, einem der größten Rapper aller Zeiten: »Was würdest du sagen, wenn die Erde sich immer weiter entfernt / Planeten so klein wie Kugeln aus Lehm / Verirren sich in die Milchstraße, die Welt nicht mehr in Sicht / So weit das Auge reicht, nirgends auch nur ein Satellit.«* Da spricht ein Verstand, den die Lehren verwandelt haben.

Die *Mathematics* enthalten universelle Wahrheiten, doch niemand brauchte ihre Weisheit so dringend wie die in Armut lebenden schwarzen Männer am Ende des letzten Jahrhunderts. So viele von uns waren völlig verloren – der Selbstkenntnis beraubt; beraubt auch des Wissens um andere und um die Welt, in der wir lebten. Selbst in der islamischen Welt lehrten Erläuterungen muslimischer Bücher, dass der schwarze Mensch ein Nachfolge Hams sei – ein Enkelsohn Noahs, den man verflucht und der Verachtung preisgegeben hatte, ein Diener, ein Sklave. Das ist nur ein Mythos, aber es war ein Mythos, den sie sowohl in Moscheen als auch in christlichen Kirchen lehrten; ein Mythos, der auch den Sklaven beigebracht wurde.

---

* »What would you say as the Earth gets further and further away / Planets as small as balls of clay / Stray into the Milky Way, world's out of sight / As far as the eye can see, not even a satellite.«

Für diejenigen, die arm und schwarz waren, stellten die *Mathematics* einen Angriff auf die Vorstellung dar, es sei die eigene Bestimmung, unwissend und ohne Bildung zu sein, blind der Welt gegenüber, die einen umgab. Die *Mathematics* entlarvten die Lügen, die andere Menschen befähigten, unsere Vorväter wie Tiere zu behandeln. Und erst als jemand wie der Father kam und diese Information unter den in Armut lebenden schwarzen Menschen verkündete – als er sagte: »Hört mal, die Väter der Zivilisation stammen aus eurem Volk« –, wurden Leute wie ich befreit. Heute kann ich sagen, dass ich es ohne die *Mathematics* zu gar nichts gebracht hätte. Ich hätte nie geglaubt, dass ein armer, schwarzer *motherfucker* wie ich irgendwann einmal imstande wäre, die Welt, seine Mitmenschen oder auch nur sich selbst zu respektieren.

Dasselbe ist auch Malcolm X passiert – er sitzt im Knast, geht durch die Hölle, da kommt ein Mann und sagt zu ihm: »Du bist kein *nigga*. Du bist ein Sohn des Stammes von Shabazz.« Und in diesem Augenblick zerfiel sein ganzer Selbsthass zu Staub. Er vernahm den Ruf und von diesem Tag an war er ein *Lebender*.

Auf diese Weise haben die Lehren mir geholfen. Sie waren mir Führung, sie lehrten mich zu verstehen, sie gaben mir Freiheit.

Aber Freiheit von sich selbst? Das ist oft eine gänzlich andere Geschichte.

Öffne dich den Echos der Weisheit.

Ihre Wahrheit wird sich

zu gegebener Zeit zeigen.

ANGST

Als Kind hatte ich Angst. Ich habe mich vor allem gefürchtet. Ich hatte Angst vor dem Wasser – ich konnte nicht schwimmen –, ich hatte Angst vor den Lkws auf der Autobahn, und am allermeisten habe ich mich vor Geistern gefürchtet. Aber irgendwann ist mir etwas klar geworden. Ein Geist ist etwas, das man selbst erschafft – der menschliche Verstand ist dafür verantwortlich. Wenn es auf der Erde niemanden gäbe, hätte ein Geist dann noch die Möglichkeit, jemanden zu erschrecken? Nein. Geister offenbaren sich in Form deiner Angst.

Ein Zitat von Marcus Garvey spricht mich sehr an. Er sagte: »Angst ist ein nervöser Zustand, der nur für Kinder taugt. Männer sollten keine Angst haben. Ein Mann sollte nichts fürchten, außer Gott. Wer etwas anderes als Gott fürchtet, der beleidigt Gott.« Bis heute halte ich mich daran: Erleuchtete Menschen haben keine Angst.

HORROR

Man sagt, Weisheit sind die klugen Worte,
die ein Bruder spricht, wenn er versucht,
die Gräber dieser geistig toten Sklaven zu öffnen

They say wisdom is the wise words spoken
by a brother attempting to open
the graves of these mentally dead slaves

RZA, »The Birth (Broken Hearts)«

In unserer Kultur lassen sich einige der tiefgründigsten Weisheiten in Horrorfilmen finden. Ein perfektes Beispiel dafür ist *Die Nacht der lebenden Toten.* Dieser Film und seine Fortsetzungen lehren dich etwas über das Leben.

Zum einen hat *Die Nacht der lebenden Toten* die Crack-Epidemie der Achtzigerjahre vorausgesagt. Wer in jener Zeit in den urbanen Ghettos lebte, konnte mitansehen, wie der Film in den Straßen zur Wirklichkeit wurde. Es hat schon seine Gründe, dass Public Enemy einen Song mit dem Titel »Night of the Living Baseheads« aufgenommen haben.

Außerdem stellte *Die Nacht der lebenden Toten* eine großartige Metapher auf die amerikanische Gesellschaft dar. Die

Zombies waren US-Bürger, die einfach nur durch die Einkaufszentren zogen, verloren, auf der Suche nach etwas Aufregendem außerhalb ihrer selbst. Sie hatten vergessen, dass das Kaufen eines neuen Fernsehers nichts Aufregendes ist; aufregend ist es, die Schuhe auszuziehen und über das Gras im Hinterhof zu laufen. All diese Filme zeigten uns in Wirklichkeit nur, wie es um uns selbst stand.

Als ich *Die Nacht der lebenden Toten* zum ersten Mal sah, litt ich Todesängste. Aber als ich den Film mit sechzehn Jahren dann ein zweites Mal anschaute (inzwischen war bereits der dritte Teil der Reihe erschienen), verfügte ich über mehr Selbstkenntnis und konnte mich auf das einlassen, was der Film mir über Amerika erzählte. Die Toten lebten, aber sie waren blind, taub und dumm. Für mich standen sie deshalb symbolisch für die schwarzen Männer Amerikas.

Die Toten in diesen Filmen leben – was nur eine Beschreibung aktiver physischer Materie ist –, aber sie haben kein Leben. Leben haben diejenigen, die über Wissen, Weisheit und Verständnis verfügen, die wahrhaft sehen können, wahrhaft berühren und fühlen können, wahrhaft wissen. Dann erst lebt man wirklich.

Zu guter Letzt funktionieren alle Filme der Reihe als Metaphern für die Five Percent. Die Überlebenden sind Verweigerer, die nicht aufgeben, umgeben von den geistig Toten. Und interessanterweise werden diese Überlebenden häufig von schwarzen Männern angeführt. Nachdem der schwarze Mann überlebt hat – den ganzen Film hindurch kämpft er gegen die Zerstörung an –, wird er allerdings von einem weißen Mann umgebracht.

LEKTIONEN IN SCHACH

Als ich elf Jahre alt war, spielten sich drei grundlegende Veränderungen in meinem Leben ab: 1) Ich fand Wissen um mein Selbst; 2) Ich verlor meine Jungfräulichkeit; 3) Ich lernte Schach spielen. Die letzten beiden Dinge spielten sich übrigens mit derselben Person ab – einem älteren Mädchen aus der Nachbarschaft –, aber immerhin nennen wir Frauen auch *Wisdom* – Weisheit –, also hat es vielleicht so sein sollen. Schach ist mir zu einem Quell der Weisheit geworden, der mich mein Leben lang begleitet hat.

Das Spiel hat vor Jahrhunderten in Indien begonnen. Man könnte sagen, es ist Metaphysik in Form eines Brettspiels. Auf dem Brett befinden sich vierundsechzig quadratische Kästchen, und diese Zahl ist für die *Mathematics* von großer Bedeutung. Vierundsechzig ist auch die Zahl der Schöpfung. Wenn das Spermium auf die Eizelle trifft und es zur Meiose kommt, dann teilt es sich in vierundsechzig separate Zellen – aus zwei werden vier, aus vier acht, aus acht schließlich vierundsechzig: die Grundzahl des Lebens. Wenn die Leute also »Schach ist Leben« sagen, dann wissen sie womöglich gar nicht, wie wahr das ist.

Schach ist zudem Kampfkunst. Es ist eine Form des Gefechts; es geht darum, das Chi zu lenken. Wenn du im

Schach einen guten Lauf hast, dann hast du für gewöhnlich auch bei allen anderen Dingen im Leben einen Lauf. Du bist in Balance, du schiebst Energie voran, du bist ein unschlagbarer Krieger. Auf mich trifft das ganz bestimmt zu. Wenn es in meinem Leben gerade richtig gut läuft, dann sollte man sich besser nicht am Schachbrett mit mir messen. Man wird verlieren.

Früher habe ich auf der Wall Street gegen ältere Männer gespielt, etwa zu der Zeit, als Josh Waitzkin – das Schach-Wunderkind, das die Inspiration zum Film *Searching for Bobby Fischer* [dt.: *Das Königsspiel – ein Meister wird geboren*] lieferte – ältere Spieler im Washington Square Park reihenweise in die Knie zwang. Ich bin ein Bobby-Fischer-Fan, und ebenso bin ich ein Fan von Josh, den ich heute zu meinen Freunden zähle. Jahre nachdem er es zum Schachweltmeister seiner Altersgruppe gebracht hatte, schaffte er es auch in den Kampfkünsten an die Weltspitze, und er sagt, dass Schach in ihm das Lernvermögen offenbart habe, das es ihm ermöglichte, es auch im Taijiquan, dem Schattenboxen oder auch Tai-Chi-Chuan, zur Meisterschaft zu bringen. Dazu ist Schach in der Lage. Selbst die simpelsten Partien lehren dich etwas.

Die wohl simpelste aller Partien ist eine, die auch *Narrenmatt* genannt wird. In nur vier Zügen bringt man es hier zu einem Schachmatt, wozu es allerdings keines Talents bedarf. Wenn Weiß beginnt und den Bauer auf F4 zieht, gibt Schwarz als Erstes seiner Königin eine freie Diagonale, beispielsweise durch einen Zug auf E6 – also durch das simple Vorsetzen eines Bauern. Die Königin kann dann in einem Zug auf H5 ziehen. Wenn Schwarz jetzt auf G3 zieht, zieht Weiß die Königin auf H5 und es gibt keine Möglichkeit mehr, diesen Angriff auf den schwarzen König zu blockieren. Wer sich mit dieser Strategie schlagen lässt, der ist kein würdiger Gegner. Wer mit dieser Strategie gewinnt, hat gegen sich selbst gespielt.

Am wichtigsten ist es, dass man begreift, dass das Problem auf dem Brett liegt und nicht in einem selbst. Ich frage die Leute gerne, welche der Figuren auf dem Schachbrett sie sind. Und manche antworten dann: »Ich bin der König«, oder: »Ich bin der Springer«. Dann fragen sie mich, welche Figur ich bin, und ich antworte: »Ich bin keine der Figuren. Ich nehme die Position Gottes ein.« Selbst wenn der König schachmatt gesetzt wird, hält mich das nicht auf. Schachmatt gesetzt wurde der *König*, nicht etwa ich. Man könnte das wohl als Schach mit Zen-Ansatz bezeichnen. Und es funktioniert auch im echten Leben.

Ich bin Amerikaner, und was Schach anbelangt, so bin ich sehr patriotisch. Ich würde eher Bobby Fischer als Garri Kasparow imitieren. Fischers Art zu denken war aggressiver. Man hat seine Spiele Jahre später mittels eines Computers analysiert und festgestellt, dass er einige der gewonnenen Partien hätte verlieren müssen, aber er war fest entschlossen, nicht zu verlieren. Jedes Mal, wenn der Gegner ihn in eine sogenannte Zugzwang-Position gebracht hatte, trugen sein Wille und seine Entschlossenheit ihn zum Sieg. Da war etwas, was sich dem rein mathematischen Verständnis entzog; es hatte nicht nur mit Statistik, Wahrscheinlichkeit und Strategie zu tun. Es gab eine Art Funken in Fischer, eine Siegesbesessenheit, die ihm zum Triumph verhalf.

Ich glaube, das ist zumeist auch meine Einstellung zum Leben – Ordnung im Chaos zu finden, den Fokus zu finden, auch wenn um mich herum jede Menge Dinge gleichzeitig passieren. Ich strebe danach, wie die Sonne zu sein:

der Mittelpunkt eines Sonnensystems, umkreist von all den Planeten – Millionen von Dingen, die gleichzeitig geschehen. Die Sonne verharrt an einem Punkt, ist einfach nur die Sonne, doch sie übt auf alles um sie herum eine Anziehungskraft aus. Ich glaube, so sollte sich auch der Mensch verstehen. Er ähnelt der Sonne oder dem Nukleus eines Atoms, und all die verwirrenden Sachen, die sich um ihn herum abspielen, gehen in Ordnung, solange er sich auf sein Handeln fokussiert und er selbst bleibt.

Wenn Bobby Fischer zu seinen Figuren wurde, dann verlor er. Wenn er verlor, dann ging er auf sein Zimmer und weinte; er nahm sich diese Dinge wirklich zu Herzen. Er konnte das, was sich auf dem Brett zutrug, nicht von dem trennen, was ihm selbst zustieß. Und einige Leute glauben, dass er darüber verrückt geworden ist. Ich glaube nicht, dass er verrückt war. Ich glaube, er war exzentrisch. Aber ich glaube auch, dass seiner Sicht auf die Dinge eine Perspektive verloren ging, die man im Schach und im Leben unbedingt braucht.

Letztendlich ist die beste Strategie, die beste Taktik, die man im Schach anwenden kann, dieselbe, die man auch im Leben anwenden sollte: niemals aufgeben! Lass niemals zu, dass sie dich auszählen. So spielen die ganz Großen, und zwar bis zum letzten Zug. Auch das hat Schach mit einem Schwertkampf gemein: Es ist ein Kampf auf Leben und Tod. Und so sollte man es auch spielen, so sollte man sein Leben führen – als Spiel mit tödlichem Einsatz. Ein Spiel, das man bis zum allerletzten Zug spielt.

DIE DRITTE SÄULE DER WEISHEIT

KAMMERN

Andere zu kennen, ist Weisheit.
Dich selbst zu kennen, ist Erleuchtung.

LAOTSE

Ich habe Geschichten gelesen, seit ich drei Jahre alt war; fast genauso lang habe ich Geschichten erzählt. Mit zehn Jahren hatte ich einen muslimischen Sudanesen namens Kassim zum Freund, der viele der Bibelgeschichten kannte, die auch ich mochte, da ja Leute wie Hiob und Abraham auch im Koran Erwähnung finden. Bei uns im Ghetto erzählten wir beide den anderen Kids Geschichten von den Propheten. Das war es, was die Bibel damals für mich darstellte – eine Sammlung von Geschichten –, bis ich das Wissen fand und die Wahrheit in diesen Geschichten für mich real wurde.

Jahrelang war es mit den Kung-Fu-Filmen dasselbe, seit ich 1978 *Die unbesiegbaren Fünf* gesehen hatte. Ich war begeistert davon – begeistert von den Kämpfen, der Epoche, den Schauplätzen und den Geschichten. Aber bis ich die Wahrheit dieser Geschichten begriff, dauerte es ein paar Jahre. Dann, eines Tages, 1983 – ich war fast vierzehn –, schaute ich Fernsehen. Über den Bildschirm flimmerte die Vorschau für einen Film, der in der Woche darauf gezeigt werden sollte: »Am 6. Juni auf diesem Sender – *Die 36 Kammern der Shaolin.*« Schon die Numerologie dahinter war prophetisch – 6, 6, 36 –, und eine prophetische Wirkung übte auch der Film auf mich aus. Es war, als sähe ich eine Erzählung aus dem Alten Testament oder eine griechische Tragödie. Der Film veränderte mein Leben, ungelogen, denn seine Weisheit ließ meine eigene Geschichte lebendig werden.

Die 36 Kammern der Shaolin ist eine Produktion der Shaw Brothers aus dem Jahre 1978; er spielt im 18. Jahrhundert und handelt von einem Mann, der sich den Shaolin-Mönchen anschließt. Dieser Mann, San De, ist zu Beginn des Films noch ein Ethik-Student, doch als er von der Revolution gegen die Mandschuren erfährt, die die Bevölkerung unterjochen, schließt er sich dieser Revolution an und wird ein Botenjunge. Bei einem Angriff der Mandschuren wird er verwundet und sucht Zuflucht bei den Mönchen des Shaolin-Tempels. Zunächst weisen sie ihn ab, weil er ein Unwissender der Außenwelt ist, doch dann beginnt der Klostervorsteher ihn mit anderen Augen zu sehen. Schließlich unterrichtet er ihn in den Kampfkünsten.

Zu Beginn des Films weiß San De gar nichts. Am Ende ist er ein Meister. In nur sieben Jahren – schneller als jeder andere Schüler vor ihm – durchläuft er alle fünfunddreißig Kammern der Ausbildung. Danach will er eine sechsunddreißigste Kammer schaffen, um dem Rest der Welt die Weisheit der Shaolin zu lehren. Ich war noch nicht ganz vierzehn Jahre alt, als ich diesen Film sah. Ich hatte Wissen um mein Selbst, hatte die *120* schneller gemeistert als irgendwer sonst in meinem Alter und unterrichtete bereits andere in den *Ma-*

thematics. Als ich *Die 36 Kammern der Shaolin* sah, hatte ich das Gefühl, ich würde den Film selbst leben.

Die Story handelt von Unterdrückung und Verwandlung. Die Mandschuren sind die Unterdrücker; die Schüler sind die Unterdrückten. Aber es sind die alten Mönche, die ihnen zeigen müssen, dass sie unterdrückt werden – denn sie wissen nicht, dass die Dinge einmal anders waren. Da ich in den *Mathematics* bewandert war, konnte ich das auf verschiedenen Ebenen nachvollziehen – die Blindheit der Schüler, die Weisheit der Lehrer, die Umstände der Unterdrückung und wie viel Kraft es brauchen würde, diese zu überwinden.

Im zweiten Teil des Films geht es um die Kung-Fu-Ausbildung, die San De durchlaufen muss, und dieser Teil hat mich *so richtig* inspiriert – damals habe ich mit Liegestützen angefangen, habe gegen Wände geboxt und mir in Chinatown Bücher über Kung-Fu besorgt. Aber der Film war auch eine Bestätigung dafür, dass der Weg, den ich bereits eingeschlagen hatte, der richtige war. Er war eine Art Echo der Lehren einer anderen Welt, ein Spiegelbild, das mir meine Situation klarer vor Augen führte.

Weisheit ist ein Spiegelbild des Wissens, heißt es bei uns. Und als ich ein Kind war, bestand die Wissensvermittlung der Medien in Bezug auf die Geschichte der Schwarzen ausschließlich darin, entweder Sklaven oder *pimps* zu zeigen – wie die TV-Serie *Roots* und den Film *The Mack* mit Richard Pryor, und das war's im Grunde genommen auch schon. Filme wie *Die 36 Kammern der Shaolin* spiegelten deshalb auch unser Erleben wider und festigten es, sie brachten Menschen wie mich dazu, sich der Wahrheit der eigenen Geschichte zu öffnen. Und anschließend waren Kampfkunst-Filme eine ernste Angelegenheit für mich. Ich studierte sie, so wie ich die Lehren studierte.

Das tue ich noch immer. Selbst wenn man mich heute zu Hause besuchen würde, würde man sofort sehen, dass ich jede Menge Filme besitze, aber etwa eintausend davon sind Kung-Fu-Filme. Die ganze Bandbreite, von Bruce-Lee-Klassikern wie *Todesgrüße aus Shanghai* bis hin zu John-Liu-Streifen wie *Secret Rivals*, von *Hot, Cool & Vicious* – der fast wie ein Western funktioniert – bis hin zu *Die Macht der Shaolin*, einem der ersten Filme mit Jet Li. Heutzutage schaue ich mir diese Filme als Inspiration an – um mir anzusehen, welche Nöte Jet Lis Charaktere in *Hero* oder *Fearless* überwinden oder welche Prüfungen die Familie in *Der Fluch der goldenen Blume* zu bestehen hat. Ich suche nach Anzeichen in meinem eigenen Leben, um zu sehen, wie sie diese Reaktionen aktivieren. Auf diese Weise funktionieren diese Filme für mich noch immer: Kung-Fu- und Samurai-Filme, ja sogar Animes – sie dienen mir noch immer als Spiegel.

Man nehme nur eine Anime-Serie wie *Dragon Ball.* Schon klar, es ist Anime, aber es ist eine der tiefgründigsten Anime-Serien überhaupt. Schon als Kind beginnt Son Goku, der Held, mit dem Training der Kampfkünste, genau wie San De, und macht sich anschließend auf die Suche nach den Dragon Balls, sieben Kristallkugeln, die einen Drachen beschwören können, der einen Wunsch erfüllt. Und ja, das ist ganz offensichtlich eine Fantasiegeschichte, an Kinder adressiert. Aber sie basiert auch auf einem chinesischen Roman aus dem 16. Jahrhundert, in dem es um einen buddhistischen Mönch aus einer alten Volkserzählung geht, der nach Indien reist, auf der Suche nach den buddhistischen Sutras. Die Reise ist eine Versinnbildlichung des Wegs zur Erleuchtung. Für mich jedoch versinnbildlicht die Reise in *Dragon Ball* auch die Reise des schwarzen Mannes in Amerika.

Mit fortschreitender Geschichte, in der Nachfolge-Serie *Dragon Ball Z*, wird das deutlicher erkennbar. Man erfährt, dass Son Goku dem uralten Volk der Saiyajins angehört. Die Saiyajins entstammen einem fernen Planeten und sie galten einst als die unerbittlichsten Krieger der Galaxie. Son Goku hat also Superkräfte, erkennt dies aber nicht – eine Kopfverletzung hat seine Erinnerung zerstört und ihn seiner Selbstkenntnis beraubt. Aber eines Tages ist die Anspannung in ihm derart groß, dass er sich – wie Hulk, quasi – in sein Alter Ego verwandelt und zum Super-Saiyajin wird – zu einem *nigga* mit Dreadlocks. (Kapiert?)

Solche Geschichten finden sich in der Weltliteratur immer wieder, selbst in der Bibel: Gott sagt Abraham, dass seine Nachkommen vierhundert Jahre lang durch die Wüste irren werden, durch ein Land, das nicht das ihre ist, ohne zu wissen, wer sie sind oder wo sie herkommen. Das ist die Geschichte des jüdischen Volkes, aber es ist ebenso die Geschichte des schwarzen Mannes in Amerika.

Deshalb sage ich: *Wir* sind die Saiyajins. Ich nutze den Namen Goku sogar als Kürzel, wenn ich schreibe. Und wenn mein Haar ein Afro ist? Verdammt, dann bin ich ein Super-Saiyajin.

Als ich siebzehn war, schaute ich mir eigentlich ständig Kung-Fu-Filme an – ich schwänzte die Schule, kam abends zu spät nach Hause und ging stattdessen in die 24-Stunden-Kinos auf der 42nd Street, in denen nur Pornos und Kung-Fu-Filme gezeigt wurden. Dann aber, das war 1986, sah ich einen Film, der bei mir fast so sehr einschlug wie *Die 36 Kammern der Shaolin*. Und das war ein Film, der das Leben vieler Menschen verändern sollte, nicht nur mein eigenes.

Es war eine kalte Nacht, und Dirty und ich zogen dasselbe Programm wie immer ab – durch die Gegend ziehen, uns volllaufen lassen, Streit suchen und Mädels hinterhersteigen. Irgendwann, so gegen vier Uhr morgens, fingen wir dann endlich an, uns nach einem warmen Ort umzusehen, an dem wir mit unseren Bierflaschen absacken konnten. Wir landeten in diesem ranzigen, kleinen Pornokino, Ecke 42nd Street und Seventh Avenue, in dem es hinten einen Saal gab – nicht größer als ein Klassenzimmer –, in dem die ganze Zeit Kung-Fu-Streifen gezeigt wurden, während in den Sesseln die Penner schliefen. Dafür waren auch wir hergekommen, aber als wir dort reinliefen – frierend, betrunken und müde –, bekam ich den letzten Teil eines Films mit, der mich sofort wieder wach werden ließ. Nachdem der Film zu Ende war und ein neuer angefangen hatte, wartete ich den ganzen zweiten Film über darauf, dass sie den ersten Film im Anschluss daran noch einmal zeigen würden, damit ich ihn mir in Gänze ansehen konnte. Der Film trug den Titel *Shaolin and Wu Tang*, und ich habe in jener Nacht kein Auge zugetan.

Es war sicherlich der beste Kung-Fu-Film, den ich bis dato gesehen hatte. Allein schon die Schwertkämpfe waren nicht von dieser Welt. Und dann war da noch dieses Gebaren der Wu-Tang selbst. Die Wu-Tang waren Abtrünnige des Shaolin-Tempels; Kämpfer, die die Ausbildung der Shaolin durchlaufen hatten und anschließend einen Schwertkampf-Stil entwickelten, der sie unbesiegbar machte. In zahlreichen Kung-Fu-Filmen – zum Beispiel *Clan of The White Lotus* oder sogar *Kill Bill* – sind die Wu-Tang tatsächlich die Bösewichte. Und es gibt eine Szene in *Shaolin and Wu Tang*, in der ein Wu-Tang dreißig Shaolin-Mönche besiegt und vom Tempel ausgeschlossen wird. Bevor er geht, sagt er: »Man mag mich ausgeschlossen haben, doch ich bin immer noch der beste ... *Wu-Tang!*« Obwohl sie ihn aus dem Tempel geworfen haben, ist er immer noch der derbste *motherfucker* von allen.

Im Ghetto breitet solch eine Attitüde sich schnell aus, und schon bald fuhren alle *nigga* in Stapleton auf die Wu-Tang ab. Und dann machte das Wort als Slang-Begriff die Runde. Der Erste, der es so verwendete, war Ghost. Er sagte zum Beispiel »Der Scheiß ist echt *Wu*« statt »geiler Scheiß«. »Olde English 800«-Bier nannte er *Wu juice* (»Wu-Saft«). Aber da ich in Sachen Kampfkunst-Filme und Geschichte ein besseres Feintuning hatte, konnte ich das weiterspinnen. Ich beschloss, dass *ich* keinen Wu-Saft trank – denn ich trank ja Ballantine Ale –, ich trank *Shaolin.* Dann prägte ich den Begriff »Wu-Tang-Slang«, und jeder fing an, so zu sprechen – einfach nur, um einen Bezug zu seinem Umfeld herzustellen.

Bevor es also eine Rap-Gruppe oder gar eine Hip-Hop-Crew war, war der Wu-Tang einfach nur eine Truppe von *niggas* aus unserem Ghetto; Typen, die den Hip-Hop liebten und gerne den MC gaben – und man traf sich bei mir zu Hause, um Musik zu machen. Viele von uns hielten sich mit irgendwelchen Straßendeals über Wasser, ein paar von uns waren sogar verfeindet. Aber die Liebe sowohl zum Hip-Hop als auch zur Welt des Wissens brachte uns zueinander, und es dauerte nicht lange, bis wir eine Bruderschaft waren. Für mich geriet dieser letzte Aspekt in den Fokus, als ich ihnen 1989 noch einen letzten Kung-Fu-Film zeigte – ein Film, der das Band der Liebe zwischen uns festigte.

Ich hatte diesen Film eigentlich schon Jahre zuvor mit meiner Familie gesehen. Der Streifen heißt *Der Todesspeer des Shaolin* und erzählt die Geschichte einer großen Familie, die von einem General betrogen wird, in den Krieg zieht und beinahe alle Familienmitglieder auf gewaltsame Weise verliert. In diesem Film gibt es acht Brüder und drei Schwestern, genau wie in meiner Familie. Deshalb schauten wir uns zu Hause gemeinsam diesen Film an – immer und immer wieder. Doch als ich ihn ein paar Jahre darauf meinen Freunden zeigte, erhielt er eine umfassendere und tiefere Bedeutung.

1989 stand dann in den *projects* jeder auf Kung-Fu-Filme, und viele von uns hatten einen Videorekorder. Und als dann eines Tages ein paar Typen bei mir vorbeischauten, um high zu werden und Filme zu schauen, legte ich den *Todesspeer* ein. Der Film lief noch keine Stunde, da passierte etwas Seltsames in meiner Bude. Die Leute wurden richtig still, ein paar *niggas* fingen sogar zu weinen an. Denn dieser Film ist *real* – er ist ein Spiegelbild der Realität, in der wir allesamt lebten.

Ein General betrügt eine Familie. Ein Vater wird getötet. All seine Söhne werden getötet, nur zwei von ihnen nicht. Der eine verliert den Verstand. Der andere rasiert sich den Schädel, wird ein Mönch. So etwas passiert im Ghetto jeden Tag. Wir lebten an einem von Kriegen zerrissenen Ort – Viertel gegen Viertel, Dealer gegen Dealer –, an einem Ort, an dem man jede Woche erlebt, wie jemand umgebracht wird oder den Verstand verliert, an einem Ort, an dem jedes Bündnis, das man eingeht, mehr zählt als Blutsverwandtschaft. Wenn dir im Ghetto jemand den Rücken freihält, dann riskiert er seinen eigenen Hals – das ist wahre Bruderschaft.

Ich weiß, dass Ghostface, Dirty und GZA damals verstanden haben, welche tiefgreifenden Implikationen diese Filme für unsere Leben hatten, und ich weiß, dass das heute für den gesamten Clan gilt. Die *36 Kammern* lehren dich Disziplin und Kampfgeist. *Shaolin and Wu Tang* zeigt dir die Technik des Kriegers – und führt dir vor Augen, dass die Bösewichte manchmal die krassesten Typen sind. Und schließlich gibt es den *Todesspeer*, der von Bruderschaft und Seele erzählt. Es ist so ein Gefühl von »Dieser Typ hier? Der ist stärker als ich. Er schafft es vielleicht ein bisschen weiter, als ich es schaffen würde. Warum stelle ich meine Kraft also nicht in seine Dienste, damit wir alle aufsteigen können?«.

Gewissermaßen hätten wir also die Gruppe, die wir schließlich gründeten, gar nicht anders nennen *können* als Wu-Tang Clan. Der Name besagt, dass wir Krieger des Wu-Tang aus dem Shaolin sind und einen Clan bilden, was »Familie« bedeutet. Der zweite Teil des Namens ist von ebenso entscheidender Bedeutung, weil es darum geht, einer Sache verbunden zu sein, die größer ist als man selbst, und das ist der größtmögliche Quell von Kraft.

Diese letzte Erkenntnis durchdrang ich erst später so richtig, als ich anfing, unter der Führung von Sifu Shi Yan Ming zu studieren, einem Shaolin-Mönch der vierunddreißigsten Generation, der sich 1992 aus China abgesetzt hatte, um in New York einen Shaolin-Tempel zu eröffnen. Er war der Vorsteher seiner Schule, ich war der Vorsteher meiner Schule – ich wähnte ihn auf Augenhöhe. Aber ich wollte auch von ihm lernen. »Sifu« lässt sich, ich hatte es schon erwähnt, auch mit »Meister« übersetzen, und innerhalb einer schwarzen Community ist das ein heikles Wort, aber ich begriff, dass man sich manchmal anderen Menschen unterordnen muss, um zu lernen. Also tat ich es.

Sifu brachte mir eine Menge Shaolin-Techniken bei, aber am liebsten mag ich wohl die Fünf Elemente, vielleicht deshalb, weil ich schon in jungen Jahren *Die unbesiegbaren Fünf* gesehen hatte. Es handelt sich dabei um eine Technik, die die Natur in fünf grundlegende Kräfte unterteilt: Erde, Wasser, Metall, Holz und Feuer. Diese werden auch durch die Kung-Fu-Formen Schlange, Kranich, Drache, Leopard und Tiger zum Ausdruck gebracht. Die meisten Kampfkünste lehren, dass man flüssig wie Wasser sein soll, aber Erde absorbiert Wasser – also setzt man sich gegen Wasser-Techniken mit

Erd-Techniken zur Wehr, um die Schläge zu absorbieren. Und wenn man mit Erd-Techniken angegriffen wird, setzt man sich mit Holz-Techniken zur Wehr, weil Holz den Erdboden durchbricht. Holz-Techniken wiederum begegnet man mit Metall-Techniken, die wie eine Axt in das Holz hacken, und Metall-Techniken kontert man mit Feuer-Techniken, die explosiver sind. Feuer, zu guter Letzt, bekämpft man mit Wasser.

Das sind sowohl äußerliche als auch innerliche Grundsätze. Innerlich lassen sie sich auf die Hauptorgane anwenden. Erde steht für die Milz, Metall für die Lungen, Wasser für die Nieren, Holz für die Leber und Feuer für das Herz. Ich habe beispielsweise Asthma, also habe ich die Metall-Form erlernt, um dagegen anzukämpfen – indem ich meine Lungen stärkte. Und da Feuer wiederum in der Lage ist, Metall zu schmelzen, stellst du dir vor, wie die Energie aus deinem Herzen sich in deine Lungen ergießt. Wenn dein Herz emotional verwundet ist, stellst du dir vor, wie das Wasser deiner Nieren den Durst deines Herzens stillt. Das alles geschieht mental – es ist ein innerer Taoismus.

Meine Studien mit Sifu lehrten mich, dass Kung-Fu weniger eine Kampfsportart war als vielmehr eine Kultivierung des Geistes. Was einen Shaolin-Mönch so hart machte, war die Tatsache, dass er das Chi meisterte – die Tatsache, dass er Kontakt zu der Erde herstellen konnte und ihre Energie in sich aufnehmen konnte. Er nutzte seinen Körper, seinen Atem und seinen Verstand, um sich mit dem Tao in Einklang zu bringen – und das Tao ist pure Energie, die einer Wu-Chi genannten Ur-Leere entsprungen ist. Tai-Chi lässt sich als »das große Extrem« übersetzen und bricht alle Ideen, Kräfte und Objekte in Gegensätze auf, Yin und Yang. Wu-Chi aber bedeutet »keine Extreme«, und es ist älter als Tai-Chi. Es ist endlos, der Ursprung aller Kraft, und es ist ganz eins.

Viele Menschen unserer Kultur betrachten das Leben in Hinblick auf Gegensätzlichkeiten – zum Beispiel Gut gegen Böse, ich gegen dich, Wert gegen Wertlosigkeit, Schwarz gegen Weiß. Taoisten glauben, dass man den Blick darüber hinaus richten muss, um die wesentliche Einheit der Dinge zu erkennen. Als es mit dem Wu-Tang Clan losging, hatten wir diesen Spruch: »Tang ist der Slang, Wu ist der Weg.« Damals kannte ich die Tai-Chi-Bedeutung dieser Worte nicht, aber wie sich herausstellte, lag ich goldrichtig. Gewissermaßen hat Wu-Tang mir den Weg zu einer Weisheit gezeigt, die die *Mathematics* und den Taoismus vereinte und mich ihre wesenhafte Harmonie erkennen ließ.

Islam ist keine Religion. Islam ist ein Lebenswandel, der im Einvernehmen mit dem Universum steht. Genau wie das Tao, das übersetzt »Weg« bedeutet – es ist der Weg des Universums. Die einzigen Unterschiede zwischen Taoismus und Islam sind die eher esoterischen Vorstellungen und Traditionen, die sich um sie herum entwickelt haben. Echte Taoisten reden nicht über unterschiedliche Götter. Echte Buddhisten lehren nicht, dass es verschiedene Gottheiten gibt. Und die grundlegenden Prinzipien gelten tatsächlich für den Taoismus, den Buddhismus und die *Mathematics* gleichermaßen – es geht darum, eins mit dem Universum, mit Gott zu sein. Sie alle sind der Weg.

Ich glaube, dass wir alle versuchen, ein Ziel zu erreichen – die Vereinigung mit Gott. Jeder auf dieser Erde strebt danach. Wenn Jesus also sagt: Durch mich könnt ihr in das Königreich des Himmels finden, dann bedeutet das für mich, dass er im Einklang mit Gott stand. Wer seinem Beispiel folgt, der wird das Königreich Gottes auf Erden finden. In jedem von uns gibt es natürliche Potenziale – solche, die uns behindern, und solche, die uns helfen. In jedem von uns steckt eine böse Natur – lügen, stehlen, töten –, und wir kämpfen gegen sie an. Die Zehn Gebote sind keine Gebote, die man ablesen muss. Sie stecken in uns. Taoismus, die Lehren der Bibel – sie alle ermöglichen es uns, mit der Wahrheit Gottes in Kontakt zu treten, die in uns ist. Und für eine Menge Leute bedeutet das eine Menge Arbeit.

Man muss es so betrachten: Im Kung-Fu-Training sind die Kammern die Phasen des Lernens, die man durchlaufen muss. Aber in den *Mathematics* betrachten wir jede Kammer als zehnstufig – wie es auch die zehn Stufen der Lehren gibt. In jeder Kammer steigt man also von der 1, die für Wissen steht, auf bis zur 9, die für Geboren steht (wie es auch neun Monate braucht, um ein Kind auszutragen). Aber wenn man von dort aus weiterzieht – wenn man von der 9 zur 10 gelangt –, dann geht man in Wirklichkeit zurück zur 1, oder zum Wissen, denn die 10 ist die 1 mit einem Kreis daneben.

Es braucht Jahre der Meditation, um diese Dinge zu verstehen, aber sie finden sich direkt unter der Oberfläche, repräsentiert durch Zeichen und Zahlen. Alles ist ein Kreis. Auf der Zahlengerade driften die Zahlen links der Null in Richtung einer negativen Unendlichkeit und die Zahlen rechts der Null driften in eine positive Unendlichkeit. Aber in beiden Fällen ist es eine Unendlichkeit. Die Zahlengerade geht in beide Richtungen, endlos, und das alles innerhalb dieses einen Zyklus oder dieser einen Kammer. Es ist das gleiche Prinzip wie bei Yin und Yang – ohne ein klein wenig Yang kann es kein Yin geben –, aber alles ist auf die 1 zurückzuführen.

Ein paar meiner Brüder werden richtig sauer, weil ich solche Dinge äußere. Sie sagen: »Warum lässt du dich mit chinesischen Typen ein? Wie kann es sein, dass du mit weißen Wichsern redest, als wären sie Brüder?« Ich weiß, wie ihnen zumute ist. Und ich lege Zeugnis ab davon, dass Allah eins ist, der Vater des schwarzen Mannes, der wiederum den ihm gebührenden Platz als Gott seiner selbst einnehmen muss. Aber mit den Jahren kam ich zu der Überzeugung, dass die grundlegende Lehre der *Mathematics* dieselbe ist wie die des Taoismus, des Buddhismus und jedes anderen großen spirituellen Weges. Und diese Lehre besagt, dass jeder von uns das Potenzial hat, wie Gott zu werden.

Selbst Son Goku lernt schließlich, wie er das Chi selbst entwickeln kann, wie er willentlich zum Super-Saiyajin werden kann. Und heute glaube ich daran, dass jeder von uns einen Saiyajin in sich hat, weil Gott in jedem von uns ist. Und das ist es, was jeder von uns zu erreichen versucht, durch jede Kammer unseres Lebens hindurch.

Wenn du die sechsunddreißigste Kammer erreichst, hast du dein Lernen abgeschlossen. Du hast eine Kammer um ein 36-Faches vervielfältigt und 360 Grad erhalten – ein geschlossener Kreis. Wenn du die 3 zu der 6 addierst, erhältst du die 9 – die für geboren steht –, aber dann musst du der 9 noch eines hinzufügen, und das Geborensein wird wieder zum Wissen. Und damit stehst du direkt wieder im Kreis, erneut auf der 1.

Vom Wissen zum Geborenwerden, dann Geborensein, und von dort zurück zum Wissen – es geht immer wieder zurück zum Anfang, zu der 1. Und eben das ist womöglich die wichtigste aller Lehren. Das sind die *Mathematics*, Baby: Wir alle sind eins.

Aber in einer Welt wie dieser kann es Jahrzehnte dauern, bis man diese Sache deutlich sehen kann. Nicht jeder hat jedoch so viel Zeit oder die entsprechenden Möglichkeiten. Heshang Gong, ein Taoist, der vermutlich im 1. Jahrhundert unserer Zeitrechnung lebte, schrieb: »Ein Drache ist ruhig, weshalb er sich immerfort verwandeln kann. Ein Tiger ist geschäftig, weshalb er jung stirbt.« Und ich bin in meinem Leben zehnmal so vielen Tigern wie Drachen begegnet.

HERZ

EINE STRASSENPARABEL ÜBER COURAGE

Wenn auf der Straße jemand ein toughes Image hat, dann sagt man über ihn: »Dieser *nigga* hat wirklich Herz.« Das bedeutet nicht, dass er von allen Typen der härteste ist. Es bedeutet einfach nur, dass er über den Willen und die Courage verfügt, etwas Schwieriges zu tun, selbst wenn damit nur das Überleben gemeint ist. Wenn man ihn niedergeschlagen hat, ist er wieder aufgestanden: Er hat wirklich Herz.

Aber auf andere Weise formuliert, könnte man sagen, dass seine Seele groß ist. Das nimmt Bezug auf das Herz-Sutra, eine der kürzesten, aber bedeutendsten Sutras der buddhistischen Schriften. Es ist eines der Sutras der Prajnaparamita – auch als »Vollendung der Weisheit« bekannt – und umfasst nur ein paar Absätze. Man kann darin aber auch die krassesten Rap-Zeilen sehen, die je über jemandes Lippen kamen – schlicht, auf den Punkt gebracht und unvergleichlich tiefgründig.

Größtenteils geht es im Herz-Sutra darum, die Realität so sehen zu können, wie sie wirklich ist, unverstellt von all den Dingen, die die Menschen in sie hineinprojizieren. Es gibt verschiedene Übersetzungen, die sich unterschiedlich lesen, aber für mich geht es darum, sich selbst zu kennen.

Es geht darum, deinem Herzen zu vertrauen – deinem wahren Herzen, nicht deinem Ego –, dass es dir die Wahrheit zeigen wird. Es geht um den Funken Gottes in dir. Ich habe diese Lehre vor vielen Jahren gelernt, als Kind in Staten Island.

Als ich dreizehn war, war der härteste Typ in meinem Alter ein Junge, den sie June-June nannten. June-June war frühreif – körperlich war er schon in der achten Klasse ein Mann – und er war ein K.-o.-Künstler, ein übler Typ, mit dem sich niemand anlegen wollte.

Zu meinem Unglück war einer der wenigen Typen, die sich *doch* mit ihm anlegten, mein großer Bruder Divine, der ihn verdroschen hat. Als ich June-June im Jahr darauf in der Junior High begegnete, gab es deshalb automatisch Stress zwischen uns – es war eine dieser »Die Sünden der Väter«-Situationen. June-June wollte mich herausfordern.

In der siebten Klasse war ich einer dieser Kerle, die immer gleich in die Vollen gehen. Sieg oder Niederlage, Hauptsache, sich nicht wegducken. Also kämpften wir gegeneinander, und ich muss zugeben, dass ich mich ihm geschlagen geben musste. Wenn man sein Gegenüber beißen muss, um nicht am Boden zu enden, dann hat man verloren.

Nicht lang danach zog ich für ein oder zwei Jahre nach Brooklyn, um dann für die Highschool wieder nach Staten Island zurückzukehren. Und dort, gleich in der ersten Schulwoche, begegnet mir wer? June-June. Er hatte sogar noch denselben kleinen Kumpel, mit dem er zwei Jahre zuvor schon rumgehangen hatte – ein kleiner, aufwieglerischer Wichser. Und dieser kleine Typ sagte zu June-June: »Kennst du den noch? Weißt du, wer das ist? Das ist der *nigga*, der dich damals gebissen hat.« Also kam June-June auf mich zu und haute mich an: »Was geht, *boy*?«

Inzwischen war ich vierzehn und hatte Kenntnis meiner selbst erlangt. Und wenn ein Mann sich wahrhaft kennt, dann kennt er auch seinen Feind. Er weiß, dass dieser Feind, auch wenn er ein Riese ist, noch immer dieselben Schwächen in sich hat. Ich glaube, dass Yin und Yang deshalb auf beiden Seiten ihren Punkt haben. Der Punkt in deinem Gegenüber – in diesem Fall dem Schulhofschläger – ist seine Schwachstelle. Je umfassender die Selbstkenntnis ist, über die du verfügst, desto größer ist die Chance, dass du diesen kleinen Punkt in ihm ausfindig machen kannst. Denn dieser Punkt ist das Du in ihm. Wie auch Jesus in der Bibel sagt: »Warum siehst du den Splitter im Auge deines Bruders, aber den Balken in deinem Auge bemerkst du nicht?« Der Riese schikaniert dich nur aus einem Grund: Er sieht etwas in dir, das er auch in sich selbst sieht.

Auf gewisser Ebene erkannte ich das in meinem Gegenüber. Als er mich herausforderte, schoss ich also zurück, indem ich sagte: »Ich bin kein *boy*, Mann.« Dass er mich so genannt hatte, bedeutete, dass wir gegeneinander kämpfen mussten. Noch einmal.

Dieses Mal geschah das im McKee Park in Staten Island, zwischen McKee und Curtis, den beiden Highschools der Gegend. (Beide Schulen sind gewissermaßen Brutstätten des Wu-Tang Clan: U-God ging auf die McKee, ich war Schüler der Curtis.) June-June und ich liefen also vier Blöcke, um im McKee Park gegeneinander anzutreten, und die Menge folgte uns.

Dieses Mal mussten wir sicherlich eine Stunde gekämpft haben. Auf diese Weise gewinnt niemand einen Kampf. Obwohl wir erst in der neunten Klasse waren, war das ein echter Kampf unter Männern. Es gab Blut, Schnittwunden, Wunden, die nicht heilen. Am Ende hatte er zwei Steine in seinen Händen – kein fairer Kampf, falls er das überhaupt je gewesen war –, und ich gab noch immer nicht auf. Der Kampf endete, als keiner von uns sich mehr bewegen konnte.

In diesem Fall würde man sagen, dass wir beide Herz hatten. Ich hatte das Herz, meine Ehre verteidigen zu wollen, denn das ist alles, was man in den *projects* hat. Ich konnte gegen diesen Typen nicht gewinnen – er stemmte damals vermutlich schon hundert Kilo –, aber er konnte mich nicht schlagen, ohne mich zu töten. Ich hatte Herz. Und in diesem Fall zeigte ich so viel Herz, dass June-June am Ende mein Schüler wurde. Nicht lang nach diesem Tag entdeckte er die *Mathematics*, nahm den Namen Infinite an und begann, mit mir zu studieren. Mir gefällt der Gedanke, dass mein Herz seinen Respekt gewinnen wollte, damit ich ihn unterrichten konnte. Das ist die gute Seite des Herzens.

Aber es gibt auch eine dunkle Seite des Herzens, und das ist das Ego. Und dieser Teil des Herzens hat Infinite letztendlich besiegt.

Innerhalb von ein oder zwei Jahren war Infinite in ganz Staten Island als harter Kerl und Egomane bekannt. Viele der Typen aus Park Hill oder Stapleton, die mit mir abhingen, mochten ihn nicht. Infinite kam aus New Brighton und zettelte zusammen mit seinem Bruder eine Menge Kleinkriege zwischen den einzelnen Ghettovierteln an. Die *Mathematics* hatten ihn ein bisschen runterholen können, aber noch immer verprügelte er am laufenden Band *niggas*.

Es war offensichtlich, dass Infinite zu viel Herz der falschen Art hatte. Das ging so weit, dass er sich mit einer Situation konfrontiert sah, in der es um Leben und Tod ging – und es war sein Ego, das ihn zerstörte, so wie jeder von uns von seinem Ego zerstört werden kann.

In dem Kung-Fu-Film *Die unbesiegbaren Fünf* gibt es eine Figur mit dem Namen Golden Arms, die aber auch *Die Kröte* genannt wird. Er ist das fünfte der fünf tödlichen Gifte, auf die der englische Titel *The Five Deadly Venoms* verweist. Seine Art zu kämpfen war es, sich einfach unsichtbar zu machen. Er war durch keine Art des Angriffs zu besiegen, nicht einmal durch Klingen oder Speere. In den Ghettos gibt es eine Menge Kids, die sich für Golden Arms halten – das ist dem Umfeld geschuldet –, und June-June war zweifelsohne eines dieser Kids. Wie Golden Arms dachte er sich: »Ich *brauche* keine Waffe!«

Infinite hat auf diese Weise viele Männer besiegt.

Aber schließlich hat ihn ein Mann niedrigeren Ranges besiegt. Und zwar, weil er sich bereits selbst besiegt hatte. Infinite hatte eines der größten Herzen in ganz Staten Island, aber eines Tages forderte er diesen jungen *nigga* mit dem Herzen eines Feiglings heraus: Er solle es doch wagen, auf ihn zu schießen. Und das tat der andere. Infinite starb. Der Junge, der ihn getötet hatte, sagte: »Ich wollte ihn nicht umbringen, yo. Er hat mich dazu *gebracht.*« Ich glaube, dass das stimmt. Ich glaube, dass es Infinites Herz war, das ihn umgebracht hat.

Man sagt, dass es in jedem Herzen einen dunklen Fleck gibt, ein winziges schwarzes Vakuum, nicht größer als eine Nadelspitze. Ich glaube, dass dieser winzige Bereich die Stelle ist, an der sich Gott in uns befindet. Dieser winzige dunkle Fleck ist ein Stück des Alls, das in unserem Körper gefangen ist – er verbindet uns mit dem Universum und miteinander. Physikern zufolge verabscheut die Natur Vakua. Ob es nun wahrhaftige Weisheit oder das Ego ist, irgendetwas wird dieses Vakuum in deinem Herzen ausfüllen. Im Laufe deines Lebens wird sich zeigen, was es sein wird.

Wenn du ein junger Mann mit einer Menge Herz bist, dann bedeutet das, dass du Courage hast. Dann aber lernst du, was das Herz noch bedeutet – nämlich Liebe.

Die Liebe ist zunächst ein Vakuum, das deinem Herzen Courage entzieht. Wenn sich eine Frau, die du liebst, in deiner Nähe befindet, hast du Angst. Dann bist du nicht mehr derselbe toughe Kerl, derselbe Gangsta. Am Anfang macht die Liebe dich schwächer. Aber bald schon macht sie dich auf eine Weise stärker, die du dir gar nicht vorstellen kannst.

Liebe ist das Zusammenkommen der ersten beiden Stufen, Wissen und Weisheit. Liebe ist die 1 und die 2 – füge sie zusammen, und du erhältst die 12, und der zwölfte Buchstabe des Alphabets ist das L, das für *Love*, für Liebe steht. Wenn Weisheit wie Wasser ist, dann gilt das für die Liebe ebenso. Sie löst dich auf, dann setzt sie dich wieder zusammen, nur diesmal stärker. So ist es auch, wenn man sein erstes Kind hat – man hat sich nie im Leben schwächer gefühlt. Deine Liebe diesem Kind gegenüber macht dich verwundbar. Aber sie macht dich auch stärker, weil du alles tun wirst, um dieses Kind zu beschützen. Die Liebe, genau wie die Weisheit, löst dich also auf und setzt dich wieder zusammen. Sie bricht dein Ego und errichtet dich neu.

Wenn die Liebe ihren Weg in dein Herz nicht findet, dann stirbst du. So war es mit Infinite. Gerechtigkeit besiegelte sein Schicksal. Der zehnte Buchstabe unseres Alphabets ist das J, und das J steht für Justitia – für *Justice*, was sich im Englischen auch als »Just I Ce« (oder »see«) *Equality* (also Gleichheit) lesen lässt. Das bedeutet, dass die Strafe oder die Belohnung, nachdem dir Wissen gegeben wurde, davon abhängt, wie du dieses Wissen nutzt und wie sehr deine Entscheidung von Weisheit getragen ist. Das Universum wird dir zeigen, ob es dein Ego ist, das dich steuert, oder ob du deine Begabungen so einsetzt, wie Gott es will. Es wird ans Licht kommen. Egal, wie viel Herz du hast: Es ist Liebe, die du zum Überleben brauchst.

Wenn sich keine Liebe

in deinem Herzen finden lässt,

dann wird es das Herz sein, das dich

tötet – auf der Straße schon bald,

doch schlussendlich überall.

DAS HERZ-SUTRA

Körper ist weiter nichts als Leere,
Leere ist weiter nichts als Körper.
Der Körper ist genau leer,
und Leere ist genau Körper.

Die übrigen vier Aspekte menschlicher Existenz –
Fühlen, Denken, Wille und Bewusstsein –
sind ebenso nicht mehr als Leere,
und Leere ist nicht mehr als sie.

Was ist, ist leer:
Nichts wird geboren, nichts stirbt,
nichts ist rein, nichts ist beschmutzt,
nichts mehrt sich und nichts mindert sich.

In Leere gibt es also keinen Körper,
kein Fühlen, kein Denken,
keinen Willen, kein Bewusstsein.
Es gibt dort keine Augen, keine Ohren,
keine Nase, keine Zunge,
keinen Körper, keinen Verstand.
Es gibt dort kein Sehen, kein Hören,
kein Riechen, kein Schmecken,
keine Berührung und kein Denken.
Es wird dort weder gesehen noch gehört
noch gerochen noch geschmeckt
noch berührt noch gedacht.

Es gibt dort keine Ignoranz,
und die Ignoranz kennt kein Ende.
Es gibt dort kein Alter und keinen Tod,

und das Alter und der Tod kennen kein Ende.
Es gibt dort kein Leid, nichts, was Leid verursacht,
es gibt kein Ende des Leidens, keinen Weg,
dem man folgen kann.
Es gibt dort kein Erlangen von Weisheit
und keine Weisheit, die man erlangen kann.

Die Bodhisattwas vertrauen auf die Vollendung
der Weisheit,
und da sie keinen Irrungen erliegen,
kennen sie keine Angst
und erfahren das Nirwana im Hier und Jetzt.

All die Buddhas –
vergangene, gegenwärtige und zukünftige –
vertrauen auf die Vollendung der Weisheit
und leben in voller Erleuchtung.

Die Vollendung der Weisheit ist das allergrößte Mantra.
Es ist das klarste Mantra,
das höchste Mantra,
das Mantra, das alles Leiden beseitigt.

Das ist Wahrheit, die nicht bezweifelt werden kann.
Sprich sie so:

Gate,
gate,
pāragate,
pārasamgate.
Bodhi!
Svāhā!

Gegangen,
gegangen,
hinübergegangen,
ganz hinübergegangen.
Erweckt!
So sei es!

THE HEART SUTRA

Body is nothing more than emptiness,
emptiness is nothing more than body.
The body is exactly empty,
and emptiness is exactly body.

The other four aspects of human existence–
feeling, thought, will, and consciousness–
are likewise nothing more than emptiness,
and emptiness nothing more than they.

All things are empty:
Nothing is born, nothing dies,
nothing is pure, nothing is stained,
nothing increases and nothing decreases.

So, in emptiness, there is no body,
no feeling, no thought,
no will, no consciousness.
There are no eyes, no ears,
no nose, no tongue,
no body, no mind.
There is no seeing, no hearing,

no smelling, no tasting,
no touching, no imagining.
There is nothing seen, nor heard,
nor smelled, nor tasted,
nor touched, nor imagined.

There is no ignorance,
and no end to ignorance.
There is no old age and death,
and no end to old age and death.
There is no suffering, no cause of suffering,
no end to suffering, no path to follow.
There is no attainment of wisdom,
and no wisdom to attain.

The Bodhisattvas rely on the Perfection of Wisdom,
and so with no delusions,
they feel no fear,
and have Nirvana here and now.

All the Buddhas,
past, present, and future,
rely on the Perfection of Wisdom,
and live in full enlightenment.

The Perfection of Wisdom is the greatest mantra.
It is the clearest mantra,
the highest mantra,
the mantra that removes all suffering.

This is truth that cannot be doubted.
Say it so:

Gaté,
gaté,
paragaté,
parasamgaté.
Bodhi!
Svaha!

Gone,
gone,
gone over,
gone fully over.
Awakened!
So be it!

»LIFE CHANGES«, (AUS DEM ALBUM *EIGHT DIAGRAMS*),
SIFU SHI YIN MING,
IN GEDENKEN AN ODB

HEILIGE KRIEGER

EINE STRASSENPARABEL ÜBER DEN GLAUBEN

Ob wir da ein Wunder im buchstäblichen Sinne erlebt haben, ist unbedeutend. Von Bedeutung ist, dass ich die Hand Gottes gespürt habe. Gott hat sich eingeschaltet.

JULES WINNFIELD, *PULP FICTION*

Hip-Hop im New York des Jahres 1986 war Krieg. Wenn ein Mann im Begriff ist, ein Samurai zu werden, durchstreift er das Land auf der Suche nach Gegnern. Als MC tat man dasselbe – man reiste in die umliegenden Nachbarschaften, auf der Suche nach Schlachten. Hip-Hop war zu jener Zeit gerecht und brutal. MCs feuerten die Lehren der *Mathematics* ab, *und* sie legten ihre Feinde um. Ich war siebzehn Jahre alt und genau diese Art eines wandelnden Widerspruchs.

In der Subway war ich mit einer fetten, Big-Daddy-Kane-mäßigen Goldkette um den Hals unterwegs, unterm Arm mein Buch mit den 120 Lehren und einen .38-er Revolver immer am Mann. Die Knarre und die *120* – wie die Cowboys in alten Western, die mit Bibel und Schießeisen unterwegs sind; oder wie das Schwert auf einer muslimischen Flagge. Seit Jahrhunderten leben Menschen mit diesen Widersprüchen, aber die Amerikaner haben das immer auf ihre eigene Weise zum Ausdruck gebracht. Und zu jener Zeit erteilte der Hip-Hop mir eine wichtige Lektion in Sachen Metaphern und Realität, Ausdruck und Wahrheit.

Eines Abends war ich mit vier Kumpels bei einer Blockparty in der Lower East Side von Manhattan – fünf junge Muslime, fünf junge Straßengangster. Ich war MC und im Namen der All In Together Now Crew unterwegs, zu der auch GZA und ODB gehörten; auf der Straße verkauften wir ein Mixtape mit demselben Namen. Ein Jahr später sollte ich als Prince Rakeem für das Label Tommy Boy eine Platte rausbringen – smoother Scheiß, der die Ladys einlullen sollte –, aber für den Moment drehte sich bei mir alles um die Kriegsführung. Die Party fand in einem Straßenpark statt, in der Nähe eines Baseballfeldes – keine Bühne, nur die Plattenteller und ein bisschen Equipment. Einige andere MCs wechselten sich ab, also ging ich einfach mittenrein und rappte: »I'm a burn you, *nigga* ...« Und genau das tat ich auch. Ich brannte sie nieder. Dann forderte ich den DJ an den Plattentellern heraus, und auch ihm zeigte ich, wie man's macht.

Es war eine große, laute Latino-Party – wir waren die einzigen schwarzen Mistkerle vor Ort. Nachdem ich also diese MCs abgefackelt hatte, wurde dieser eine Typ neidisch und zog seine Knarre raus. Er fing an, Scheiße zu labern, dass *er* der geilste *nigga* hier sei, und dann schoss er ein paarmal in die Luft – *Bam! Bam! Bam! Bam! Bam! Bam!* –, einfach nur, um seinen Standpunkt zu verdeutlichen.

Man könnte sagen, dass diese Handlung die Schlacht real machte. Aber uns war das egal. Wir hatten Meskalin genommen, Bier getrunken, und Allah schützte uns – wir waren unbesiegbar. Also fing ich direkt auch an, Scheiße zu labern. Ich hielt eine Tasche nach oben, die ich bei mir trug, fing an zu lachen und sagte: »*Nigga*, 'n Scheiß hast du. Du willst nicht sehen, was ich hier drin hab'. Yo, ich hab' die fetteste Wumme der Welt, *nigga*! …«

Im Hip-Hop und auf der Straße ist diese Art der Prahlerei eine Projektion von Stärke – eine Drohung, die selbst schon konkrete Handlung ist. Gewerkschaften handeln, indem sie mit Streik *drohen*. Rapper handeln, indem sie mit Zerstörung *drohen*. Ja, es basieren sogar ganzen Karrieren auf reiner Projektion. Und auch ich setzte an diesem Abend ganz und gar auf Projektion, denn in Wirklichkeit befand sich, von meinen Lehren und einem Schraubenzieher abgesehen, nichts in der Tasche. Nichtsdestotrotz wies meine Projektion den Typen in seine Schranken. Plötzlich hieß es: »Nee, nee, nee – alles cool, *homie*!« Wir haben ihn mit der Kraft des Wortes in seine Schranken gewiesen.

Das war die Lektion, die wir aus der Sache hätten ziehen sollen. Stattdessen erteilte Gott uns noch eine weitere.

Wir waren ziemlich aufgedreht wegen unseres Sieges und liefen schließlich den Weg zurück in die *projects* – wobei wir in den kleinen Läden haltmachten, um Bier und anderen Kram zu klauen, alles, worauf wir eben Lust hatten. Etwa zwei Stunden lang müssen wir die Gegend terrorisiert haben – wir laberten Mädels an, zogen Delis ab, waren fünf Cowboys, die nichts bei sich hatten als diese Tasche.

Dann, nachdem wir das zwei Stunden durchgezogen hatten, hatte ich das Gefühl: »Okay, jetzt übertreiben wir's.« Aber mein Kumpel Asaham, den ich in Sachen Islam unterrichtete, wollte nicht aufhören. »Yo, zieh dir mal die beiden Kleinen da drüben rein«, sagte er. »Ich geh nur mal schnell rüber, gucken, ob was geht.« Das tat er auch, und er fing ein Gespräch mit den Mädels an.

Inzwischen hatten die Ladenbesitzer, die wir terrorisiert hatten, sich untereinander ausgetauscht. Die anderen Typen von der Party hatten sich ebenfalls auf den Weg gemacht. Von allen Seiten kamen Leute auf uns zu. Aber mein Buddy unterhielt sich immer noch mit diesen beiden Mädels. Schließlich kamen zwei Kerle auf ihn zugelaufen, während wir etwas abseitsstanden und darauf warteten, dass er die Telefonnummern kriegen würde, auf die er es abgesehen hatte. Asaham rief in unsere Richtung: »Yo, Ra! Die *niggas* hier labern mich dumm von der Seite an.« Also musste ich zu ihm rübergehen und mich aufplustern und wieder meinen alten Trick versuchen: »Bring mich nicht dazu, meine Tasche aufzumachen, *nigga*.«

Diesmal kam ein kleiner Latino an und gab sich beschwichtigend: »Nein, nein, nein, *papi*, wir wollen keinen Ärger, *papi*, wir wollen keinen Ärger«, und – *BAM!* – schon hatte ich seine Faust im Gesicht. Mein Hut flog mir vom Kopf. Jetzt ging's zur Sache. Es dauerte keine dreißig Sekunden, da lag mein Buddy Asaham auch schon mit gebrochener Schulter am Boden, während wir anderen um unser Leben kämpften. Während die Menge den Kreis um uns immer enger zog, versuchte ich noch mal, mit der Tasche zu bluffen – »Was wollt ihr, hä?« –, aber sie hatten echte Pistolen auf uns gerichtet. Wir hatten ihnen zwei ganze Stunden Zeit gelassen, um nach Hause zu gehen und die Waffen zu holen.

Das war Hybris – eine Überdosis Stolz, diese schlechteste aller Eigenschaften, die den Helden der griechischen Tragödien so oft zum Verhängnis wird. Und fast wäre es uns genauso gegangen. Wir rannten. Sie fingen an, auf uns zu schießen. Man kann sich nicht ausmalen, wie sich das anfühlt, wenn man sich aus dem Staub macht und das *Ping! Ping! Ping!* des Zauns hört und hinter sich die Funken fliegen sieht.

Irgendwie schafften wir es, ihnen zu entkommen, und endeten an irgendeinem Wohnhaus, nach Luft japsend. Dort stellten wir fest, dass einer von uns – Asaham – fehlte. Wir mussten zurückgehen, um ihn zu holen.

Ich sagte Richie, meinem jüngsten Cousin, er solle nach Hause gehen, und wir anderen drei schnappten uns ein paar Glasflaschen und Steine und machten uns auf den Weg zurück, um Asaham zu finden.

Kaum waren wir um die Ecke gebogen, da erwartete uns auch schon der Mob und machte wieder rennend Jagd auf uns. In diesem Moment habe ich tatsächlich gefühlt, dass Gott – und nicht etwa meine eigene Selbstprojektion – mir das Leben rettete.

Ich nahm meinen Hut ab und erstarrte. Und der komplette Mob, jeder Einzelne von ihnen, rannte direkt an mir vorbei. Keiner von ihnen sah mich, obwohl ich genau vor ihnen stand. Meine Freunde waren verschwunden, und ich stand da, allein und starr, während mindestens fünfzehn Leute an mir vorbeirannten. Als die letzten beiden Typen an mir vorbeikamen, blieb einer von ihnen stehen und schaute mich an. »Ist das nicht einer von denen?«, sagte er. »Nee, ist er nicht«, sagte der andere. Sie rannten weiter. Und ich verschwand in die entgegengesetzte Richtung.

Drei von uns haben es an diesem Abend nach Hause geschafft, mit Kopfwunden und gebrochenen Knochen. Einer von uns, Kedar, schaffte es nicht. Dreizehn Mal hatte man auf ihn eingestochen, und er verbrachte die nächsten drei Wochen im Krankenhaus. Dieser Mann war ein Spitzenkämpfer, einer der härtesten Mistkerle überhaupt –

ein Meister des K.-o.-Schlags. Er kam im Rollstuhl nach Hause und es dauerte ein Jahr, bis er wieder anfing zu laufen. Er war nie wieder der Alte. Es hätte jeden von uns treffen können.

Lobpreis, wem Lobpreis gebührt – ich bin überzeugt davon, dass Allah mich in jener Nacht unsichtbar gemacht hat, nur für eine Minute. Dass wir die anderen *niggas* mit nichts als einem Schraubenzieher und den Lehren stundenlang in Schach halten konnten, das war kein Wunder. Es war ein Trick. Ich glaube an die Macht-Gedankentricks der Jedi, weil ich sie selbst viele Male angewendet habe. Aber meine Unsichtbarkeit? Einfach nur, indem ich meinen Hut absetzte und mich wirklich selbst davon überzeugte, dass sie mich nicht sehen konnten? Das war Glaube – ein verzweifelter, aufrichtiger Glaube.

Als die Mekkaner versuchten, Mohammed umzubringen, versteckte dieser sich in einer Höhle. Als seine Möchtegernmörder diese entdeckten, sahen sie, dass vor dem Zugang ein Spinnennetz hing – und weil es unbeschädigt war, schlossen sie daraus, dass niemand die Höhle betreten haben konnte.

Wissenschaftler haben festgestellt, dass Spinnweben in ihrer Struktur härter sind als Stahl. Die kugelsicherste Weste, die man herstellen könnte, wäre eine, die aus der Seide von Spinnen gewebt ist. Vergleicht man Stahl und Spinnweben anhand ihrer Moleküle, sind Spinnweben stärker. Ich habe das in einem Songtext verwendet: »Man weiß, dass ein Spinnennetz stärker ist als Stahl / Gefangen in einer Höhle, war es Mohammeds einziger Schild.« In jenem Augenblick hatte auch ich mein ganz eigenes Spinnennetz, das mir als Tarnmantel diente. Es war mein Glaube, mein Gottvertrauen. Und mein Leben sollte noch einmal auf diese Weise gerettet werden.

Gott ist lebendig in dir – Schrecken und Verzweiflung beschwören Seine Macht herauf. Glaube, im Sinne einer tiefen Überzeugung, ist eine Säule des Lebens; oft wird er mit Hoffnung verwechselt. Glaube geht über die Hoffnung hinaus, denn Hoffnung lässt sich ohne Wissen anwenden; Glaube ist das Herz-projizierte Handeln des Wissens. Er ist Weisheit, noch ehe er Verständnis ist.

WENDIGKEIT IM GEIST

EINE GEFÄNGNISPARABEL ÜBER VERBALES KUNG-FU

Wu-Tang lässt sich auf verschiedene Weisen als Akronym lesen; in einer möglichen Ausschreibung lautet das erste Wort *witty*: *Witty, Unpredictable Talent and Natural Game.* Wer *witty* ist, ist geistreich, gewitzt und verfügt dadurch über eine Form von Weisheit, die ablenkt und absorbiert, eine Form von Weisheit, die dir das Leben retten kann. Diese Lektion lernte ich während eines Kartenspiels im Knast.

Wir spielten Spades, ein klassisches Stichspiel, und im Knast sind Stichspiele eine ernste Angelegenheit. Jeder Spieler erhält dreizehn Karten, und jedes Team versucht, die meisten Stiche für sich zu verbuchen. Jedes Zweierteam muss strategisch spielen, man gibt einander subtile Hinweise, sodass es tatsächlich richtig komplex und psychologisch zur Sache geht, dafür, dass es ein so simples Spiel ist. Hinzu kommt noch, dass man im Knast um entsprechende Einsätze spielt – Zigaretten, Lebensmittel, was auch immer –, weshalb mehr auf dem Spiel steht, als es in der Außenwelt der Fall wäre.

Bei diesem einen Spiel zockten mein Partner und ich gegen zwei andere Typen um unser Frühstück. Ich saß vielleicht seit drei Tagen ein, war damals achtzehn oder neunzehn Jahre alt – ein junger, dürrer Frischling. Mein Partner Mike war ein muskulöser Hüne, der schon seit einer ganzen Weile einsaß. Er war einer von diesen *niggas*, mit denen man sich nicht anlegen wollte – jeder hatte Angst vor Big Mike.

Anfangs spielten und kommunizierten Big Mike und ich gut miteinander. Ich bin ein guter Spieler und wir rieben die anderen beiden ziemlich auf; wir machten keine Gefangenen. Aber ich machte einen entscheidenden Fehler, weil ich meinen Partner nicht gut genug kannte. Man könnte auch sagen, dass es mir in diesem bestimmten Spiel an Weisheit mangelte. Wir setzten auf ein Ganz-oder-gar-nicht-Szenario: Wenn es gut ging, hätten wir das Spiel sofort gewonnen, wenn nicht, wären wir automatisch die Verlierer – und alles mit nur einem Blatt.

Mike machte mir gegenüber eine Geste, die ich nicht verstand. Und dieses eine Mal – mit dem besseren Blatt in der Hand – vermasselte ich es. Mein Fehler kostete uns unsere Karten, den Sieg und unser Frühstück. Das war übel.

Mike sprang auf und wurde zum Tier. »Slim, du Hurensohn, warum zur Hölle hast du nicht Karo gespielt?« Er ging auf mich los und – *Boom!* – schon standen wir kurz vor einem Zweikampf.

Ich wusste nicht, was ich tun sollte – ich hätte beinahe selbst mit Gewalt reagiert. Aber stattdessen fiel mir Kung-Fu ein. Ich wurde laut und lenkte von mir ab.

»Alter, diese schwanzlutschenden *niggas* sollen sich doch *ficken*«, rief ich. »Die kriegen wir *nächstes Mal* dran, Mike.«

In nur einer Sekunde hatte ich den Stress auf die beiden Typen gelenkt, die uns geschlagen hatten, und dadurch klargestellt, dass ich auf der Seite von Mike stand. Wir hatten beide verloren, wir würden beide hungrig bleiben, und Mike wollte mir an den Kragen, aber ich habe davon abgelenkt.

Und es funktionierte. Plötzlich stimmte Mike mit ein: »Jah. Fickt euch einfach, ihr Schwanzlutscher; *nächstes Mal* machen wir euch *niggas* fertig.« Und er gab mir einen kräftigen Schlag auf den Rücken. Ich war gerade noch mal davongekommen. Verstand und Weisheit hatten mich gerettet.

Bruce Lee hat es einmal so formuliert: »Ich übe die Kunst des Kämpfens, ohne zu kämpfen.« Und er sagte auch: »Man muss nicht jedes Mal gegen den Riesen kämpfen.«

Übe dich jeden Tag

in geistiger Wendigkeit und Ablenkung.

Du weißt nie,

wann es dir zugutekommen wird.

DIE VIERTE SÄULE DER WEISHEIT

DUNKELHEIT UND LICHT

Lieber Prinz, was ist Licht?
Licht ist jene Kraft, die die Dunkelheit vertreibt; es ist das Phänomen, das die Dunkelheit mit sich bringt.

Was ist die hellste Form des Lichts?
Das dunkelste aller schwarzen Löcher, denn es ist dem Zustand der Dunkelheit am nächsten, in dem das Licht geschaffen wurde.

Lieber Prinz, deine Weisheit ist wahrlich überragend!
Danke, Gesandter, deinem Licht ist es zu verdanken, dass ich fähig bin, so klar zu sehen.

In der Dunkelheit des Mutterleibs existieren das Atom des Lebens und das Licht des Wissens. Es ist dieses Licht des Wissens, das das Licht der Weisheit zum Licht des Verstehens brachte, zur Freiheit von der Dunkelheit, in der das Leben war.

Mit anderen Worten: Das Wissen um das Selbst ist das Licht, das in der Dunkelheit schien, um das Atom des Lebens zu erkennen – nicht das Leben selbst, denn das Leben hat weder Beginn noch Ende.

Im Atom des Lebens existieren die drei Ladungen: positiv, negativ und neutral, gemeinhin als Proton, Elektron und Neutron bezeichnet. Es ist der auf diese Ladungen induzierte Wille, der sagt: »Es werde Licht!« In der Dunkelheit des Spermiums existiert das Licht des Wissens um das Leben. Die Zelle teilt und vervielfältigt sich mit dem Wissen, das durch den Willen Allahs in sie eingebettet wurde. Alle Zellen haben von Allah dieses Wissen darum, was zu tun ist. Sein Wille wird ewig geschehen, denn Er schien Licht auf Dunkelheit und vertrieb sie, auch wenn aus der Dunkelheit heraus Licht erzeugt wurde. Die Sonne brennt seit Milliarden von Jahren; sie muss von tiefstem Schwarz sein, denn alle Dinge brennen schwarz. Sein Wille ist eingebettet in alle Zellen und Atome, seit das erste Atom aus der Dunkelheit ausgezogen ist und das erste Leben aus dem Mutterleib der Dunkelheit ausgezogen ist.

Selbst bevor die Mutter im Licht der Existenz des Kindes ist, ist das Kind im Licht seiner selbst. Die Zellen beginnen sich zu formen, sobald die göttliche Einheit durch das Spermium und das Ei entzündet wurde, im Licht ihrer selbst und im Wissen um ihren Auftrag und in Unterwerfung dem Willen Allahs, der Vater aller und Herr aller Welten ist.

> *Der Kurs des besten Schiffes ist eine*
> *Zickzacklinie von zahlreichen Kursänderungen.*
>
> Ralph Waldo Emerson

Außerhalb von Pittsburgh, am Ohio River gelegen, gibt es eine Stadt namens Steubenville, ebenfalls in Ohio. Es ein seltsamer Ort, umrankt von Gerüchten und Legenden, mit einer weit zurückreichenden Historie von politischer und polizeilicher Korruption. Manche Leute kennen Steubenville als Geburtsort von Dean Martin. Andere, wie zum Beispiel die Mitglieder einer dort ansässigen Dreieinigkeitskirche, glauben, dass dies der Ort der Wiederkunft Christi am Jüngsten Tag sein wird. Für mich repräsentiert Steubenville Dunkelheit – eine Dunkelheit, die ich mir selbst geschaffen habe, eine Dunkelheit, die mich beinahe endgültig gepackt hat.

Ein paar Jahre lang bin ich mit meinen Cousins Ghost und Dirty ab und an von Staten Island nach Steubenville gefahren, um dort Familie zu besuchen. Meine erste Reise dorthin unternahm ich mit neunzehn Jahren, und damals kam ich in Rechtschaffenheit. Ich hatte mein Buch mit den Lehren mitgebracht und fing an, jeden, der bereit war zu lernen, in den *Mathematics* zu unterrichten. Es dauerte nicht lang und ich hatte etwa zwanzig Schüler. Wir trafen uns täglich in der Stadtbibliothek, und bald schon war unsere Gruppe so groß, dass man uns in ein Gemeindezentrum umsiedelte. Dann kamen auch führende Persönlichkeiten der Gemeinde dazu, und wir richteten Round-Table-Gespräche ein. Wir redeten über die *Divine Mathematics*, aber auch über Geometrie, Biologie und alle möglichen anderen Themen. Es war eine Art Straßenseminar.

Einige Leute bei diesen Treffen kamen von anderen »Street Schools«; da gab es zum Beispiel *Universal Law*, das genau wie die *Mathematics* in den Gefängnissen gelehrt wurde. In jedem Knast, egal ob in Ohio, New York oder LA, gibt es diese Studienkreise in irgendeiner Form. Irgendwer kriegt Wind davon und adaptiert sie für die eigene Sekte. Die Black

Panthers hatten Gebote. Die Mah-Wahs hatten Gebote. Selbst Gangs wie die Bloods haben inzwischen ihre Lehren. Und sie alle beziehen sich entweder auf den Islam, das Christentum oder die Zeugen Jehovas. Sie alle nehmen die Gebote und verwenden sie auf unterschiedliche Weisen, um junge Männer, die wissbegierig sind, zu unterrichten und zu stärken. Das ist einer der wenigen Vorteile der Haft – dass Lehrer und Schüler hier eine Gemeinschaft des Lernens schaffen können.

Unser Bund nannte sich die *Five Percent*, was für die Five Percent Nation of Islam stand. Wobei ich sagen würde, dass der Name auch global und historisch gesehen treffend ist. Jeder, der sich der Freiheit, der Gerechtigkeit und der Gleichheit verschrieben hat, ist das, was wir einen armen, rechtschaffenen Lehrer nennen. Diese Leute sind Teil jener fünf Prozent einer jeden Gesellschaft, die die Wahrheit kennen und sie freimütig verkünden, ohne persönlichen Nutzen daraus zu ziehen. Gandhi war ein *Five Percenter.* Martin Luther King jr. war ein Five Percenter. Jesus war ein Five Percenter. Die Shaolin-Mönche und ihre Schüler, die taoistischen Priester und die Konfuzianer – das sind die Five Percenters Chinas.

Als ich das erste Mal nach Steubenville reiste, kam ich als ein wahres Mitglied der *Five Percent.* Und das Wissen, das ich teilte, schlug Wurzeln. Ein paar meiner Schüler gründeten die Wu-Tang-Ableger 4th Disciple und Killarmy. Ein paar von ihnen hatten einige Erfolge, andere wurden wieder Straßengangster, aber meine erste Reise nach Steubenville war zumindest rechtschaffen. Meine zweite Reise war das genaue Gegenteil.

Um 1991 herum war die Lage in New York für uns schlecht. Das Album, das ich als Prince Rakeem aufgenommen hatte, brachte nicht genug ein, um meine Rechnungen zu bezahlen.

GZAs Album für Cold Chillin' Records lief auch nicht so gut. Wir brauchten Geld, einer meiner Freunde war umgebracht worden, ein paar Leute versuchten, mich umzubringen, und wir alle kamen gerade so über die Runden.

Ghost zum Beispiel versuchte, Möglichkeiten zu finden, Geldtransporter auszurauben, indem er sich dort positionierte, wo sie ihre Halte machten. Oder wir warteten vor den Häusern von Drogendealern – dann hieß es: »Wenn er mit seinem Benz rauskommt, halten wir ihm 'ne Knarre ins Gesicht, schnappen uns den Benz und verkaufen ihn.« Nichts davon hätte funktioniert, aber wir waren verzweifelt. Ich fing an, kleine Mengen Stoff abzupacken, um sie auf der Straße zu verticken, und dachte irgendwann: *Ich kenne einen Ort, wo dieses Spiel nach einfacheren Regeln abläuft, einen Ort, an dem unsere krummen Geschäfte besser laufen würden.* Und so hielten wir es. Wir machten uns auf den Weg zurück nach Steubenville.

Ich lieh mir etwas Geld von GZA und gab es Ghost – denn Ghost war bereits ein Straßenhändler –, und ich sagte: »Ghost, besorg uns, was wir brauchen.« Er organisierte einen Überfall – so schlimm war die Lage, dass wir jemanden ausraubten, den wir kannten –, und dann fuhren wir wieder nach Ohio. Dieses Mal saß ich mit einem Koffer im Zug, in dem sich mein Produkt, eine Pistole und meine Lehren befanden; um den Hals trug ich eine Goldkette, die ich für Bares verpfänden wollte. Dieses Mal fuhren wir geradewegs in die Hölle.

Bevor wir dort aufschlugen, wurde Steubenville auch Little Chicago genannt. Nachdem wir dort unsere Niederlassung hatten, wurde es als Little New York bekannt. Wir machten Kohle und konnten uns über Wasser halten, aber es war der Tiefpunkt meines Lebens. Damals brach ich das eine

Gelübde, das ich mir gegenüber abgelegt hatte. Ich hatte nie ein Drogendealer sein wollen – ich dachte, ich würde meine eigenen Leute umbringen –, doch um mein eigenes Überleben zu sichern, betrat ich diese Welt. Ich betrog mich selbst.

Sehr viele Dinge passierten in kurzer Zeit. Auf der Straße gab es eine Menge neuer Beefs, weil wir jetzt mitmischten. Und es dauerte nicht lange, da saß mein Bruder im Knast, Dirty saß im Knast, ich saß im Knast, Ghost wurde angeschossen und Wise, ein Schüler von mir, wurde ebenfalls angeschossen. Plötzlich war jeder von uns auf sich allein gestellt. Und ich stand wegen versuchten Mordes vor Gericht.

Ich hatte mich in einen Streit zwischen einer jungen Frau, die Ghost datete, und der Crew ihres Typen hineinziehen lassen. Eines Abends fuhr ich sie und eine Freundin von ihr nach Hause – Ghost war da nicht mal in der Stadt –, als ein paar von diesen Kerlen an einer roten Ampel neben uns hielten. Sie waren Straßendealer – das traf damals auf jeden zu –, und dieser eine Typ sieht sein Mädel im Auto eines anderen sitzen und fängt an, vor Eifersucht zu rasen.

Als ich zuvor das Haus verlassen hatte, hatte meine Schwester mir ein Gebot mit auf den Weg gegeben: »Wehe, du schrottest mein Auto!« Aber an der Ampel springen dann diese *niggas* aus dem anderen Wagen raus, treten gegen das Auto, schlagen die Fenster ein, zerbeulen das Blech. Die Mädels fangen an zu schreien: »Fahr los, fahr los, er hat eine Knarre!« Also geb ich Gas, und er jagt mir hinterher. Es gelang mir, ihm zu entwischen und eine Weile in Deckung zu gehen.

Nach etwa zwei Stunden fuhr ich die beiden Mädels nach Hause, aber eine von ihnen wohnte in einer Sackgasse. Sie stieg aus und lief in ihr Haus, aber dieselben Typen wie zuvor parkten dort und hatten auf uns gewartet. Wir waren in einen

Hinterhalt geraten. Augenblicklich brach das Chaos aus: Eine Menge Schüsse wurden abgefeuert, mein Auto bewegte sich noch, krachte an die Bordsteinkante, jeder zog seine Knarre, alle brüllten durcheinander: »Fick dich!«. Und: »Fick du dich doch!«. Letztendlich war das alles wirklich gar keine so große Nummer – nur sechs oder sieben Patronenhülsen landeten auf dem Boden –, aber wegen dieses Theaters wurde ich wegen versuchten Mordes angeklagt.

Fakt ist, dass die Anklage gegen mich nicht zu dem passte, was ich getan hatte. Was tatsächlich vorgefallen war, war ein Fall von Selbstverteidigung gewesen. Ich bereue, dass jemand angeschossen wurde, und es tat mir leid, dass ich zu solcher Gewalt beigetragen hatte. Ich hätte sechzig Tage hingenommen; ich hätte ein Jahr hingenommen. Aber der Staatsanwalt forderte acht Jahre – er wollte mich weghaben. Damals wurden mir zwei Dinge bewusst. Zum einen hatte ich Klarheit über unser Rechtssystem erlangt – wie unfair es war in dem Versuch, Verbrechen und Strafe in ein angemessenes Verhältnis zu bringen. Aber zum anderen hatte ich auch Klarheit über mein Leben erlangt.

Um dem Ganzen die Krone aufzusetzen, war auch noch meine Freundin schwanger von mir. Ich saß dreißig Tage lang im Knast und fing an, darüber nachzudenken – dass ich bald ein kleines Mädchen haben würde, dass ich mein Leben ändern musste. Deshalb habe ich meine Tochter auch RaMecca genannt – »Ra« steht für mich selbst, Rakeem, und »Mecca« steht für die Heilige Stadt, den höchsten Punkt, den Anfang. Sie würde das bisher größte Verdienst meines Lebens sein. Und da wusste ich, was auf dem Spiel stand.

Also bereitete ich mich vor. Ich hörte mit dem Rauchen auf, hörte auf zu trinken, fing wieder an, mich den Lehren zu widmen. Ich stellte mir vor, wie meine Tochter mich acht

Jahre lang nur im Knast würde besuchen können – weil ich nicht daran glaubte, den Fall gewinnen zu können. Und als ich endlich auf Kaution rauskam, ging ich jeden Tag in die Rechtsbibliothek. Ich begegnete dort sogar dem Richter und dem Staatsanwalt. Wenn sie mich sahen, warfen sie mir finstere Blicke zu, so als ob sie sich dachten: *Wieso sitzt dieser Typ hier rum?*

Schließlich war der Tag der Verhandlung gekommen. Der Prozess ging über drei Tage und endete am 22. April. An diesem Tag holte mein Anwalt mich in den Zeugenstand. Ich legte gewissermaßen den wichtigsten Auftritt meines Lebens hin, und er kam von Herzen. Ich richtete mich persönlich an die Geschworenen – ich erzählte meine Geschichte, so lebhaft und eindringlich, wie ich nur konnte. Dann zogen sich die Geschworenen, von denen nur einer schwarz war, zurück, um sich zu beraten. Nach zwei Stunden kamen sie zurück. Ich war nervös; mir drehte sich der Magen um. Und eine Frau verlas das Urteil: »nicht schuldig.«

Ich kann nicht wirklich erklären, was für eine Stimmung in diesem Moment im Gerichtssaal herrschte. Natürlich war *ich selbst* euphorisch, aber von den Geschworenen *weinten* einige sogar. Zwei alte weiße Frauen und ein weißer Mann kamen auf mich zu und umarmten mich. Es gab sogar einen Zeitungsartikel, in dem es in etwa hieß: »Geschworene weinen bei Diggs-Urteil.« Und als ich die Anklagebank verließ, sagte meine Mutter: »Das ist deine zweite Chance.«

An diesem Tag wurden mir acht Jahre meines Lebens wieder in die eigenen Hände gelegt. Und ich begriff: *Oh, ich bin das? Ich bin der Macher? Ich bin derjenige, der mein Leben in Ordnung bringen kann?* Ich beschloss, tatsächlich die Kontrolle über meine Musikkarriere in die Hände zu nehmen. Ich kehrte nach Staten Island zurück und rief bei Tommy Boy an, aber die waren fertig mit mir. Was immer geschehen würde, würde außerhalb dieses Systems geschehen. Und ich begriff, dass der erste Schritt darin bestand, mich selbst zurückzugewinnen.

In Steubenville hatten wir verschiedene Codenamen genutzt. Ghost war Moses und ich war Jesus – eine Ironie, die uns damals beiden zugesagt hatte. Aber nach dem Prozess kehrte ich wieder zu Prince Rakeem zurück.

Ich hatte mir selbst im Alter von elf Jahren den Namen Rakeem gegeben, als ich zur Kenntnis meiner selbst gefunden hatte. Ich habe mich in Prince Rakeem umbenannt, nachdem ich die *120* gemeistert hatte. Dann nannte ich mich Divine Prince Rakeem. Und als ich achtzehn Jahre alt war und zehn (oder mehr) eigene Schüler hatte, gab ich mir selbst den Namen Divine Prince Master Rakeem Allah. Aber weil ich mich auf Negativität einließ, kam mir diese Persona abhanden. Deshalb musste ich nach den Ereignissen in Ohio und all dem Chaos, das sie mit sich gebracht hatten, diesen Titel zurückgewinnen. Ich musste mich wieder den Five Percent anschließen.

Die Laien, die Leute, die nicht viel wissen und sich rasch in die Irre führen lassen – das sind die 85 Prozent. Diejenigen, die die Wahrheit kennen, sie jedoch nutzen, um andere zu täuschen und auszubeuten – das sind die 10 Prozent. Die 10 Prozent sieht man heutzutage überall, in jeder Nachrichtensendung und auf den Titelseiten aller Zeitungen. Man kennt ihre Namen. Und ihre Verbrechen werden immer schwerer, das Leid, das sie verursachen, immer größer.

Wenn Leute also sagen, die Five Percent seien nicht mehr als eine Gang, dann sage ich: Sie sind nur Sucher und Geber von Wissen, was genau das ist, was wir zurzeit brauchen. Unsere Kultur programmiert ihre Kinder darauf, sich den 85 Prozent anzuschließen, Roboter zu sein, ohne Kenntnis ihrer selbst. Zu den 85 Prozent zu zählen, kann heutzutage bedeuten, dass man mit zweieinhalb Kindern und drei Autos am Stadtrand lebt und die Tage damit zubringt, Fertiggerichte zu essen und sich über zehn Jahre alte Sitcoms zu unterhalten. Es kann bedeuten, dass man Luxuskarossen und -uhren hinterherjagt und nach Macht in einer Firma strebt, die einen verraten wird. Es kann einfach bedeuten, alles, was man sieht, hinzunehmen, ohne es zu hinterfragen. Heute brauchen wir Leute wie die Five Percent. Wir brauchen Leute, die allen Menschengeschlechtern Zivilisation lehren. Geld gibt dir wirtschaftliche Freiheit, aber es befreit deinen Kopf nicht von den Lügen und der Ignoranz, die dich verdummen lassen.

Ich war dumm geworden. Mein Leben hatte einen wirren Kurs genommen. Zwischen meinem elften und sechzehnten Lebensjahr war ich dort, wo ich sein sollte. Dann wandte ich mich Frauen, Drogen und dem Hip-Hop zu, und zwar im Sinne der Straße – nicht im Sinne eines Hobbys, bei dem man einfach nur zu Hause Spaß hat, sondern im Sinne der Straße. Das bedeutete: Kämpfe, Knarren, Karren, Goldketten, Drogenkonsum und Drogenverkauf.

Und wir reden hier von jemandem, der bereits gut zwanzig andere Kids erleuchtet hatte. Ason Unique – der später zu Ol' Dirty Bastard wurde – war einer meiner Schüler. Ich hatte auch Schüler in Brownsville, in Bedford-Stuyvesant – und *sie* kannten die *120* nun. Meine Schüler waren nun Lehrer. Und dann war da ich – jemand, der die *120* verinnerlicht hatte, noch bevor er dreizehn wurde –, und ausgerechnet ich führte mich wie ein gottverdammter Wilder auf? Ich musste mich ändern. Zurückverändern.

Im *Divine Alphabet* steht das Z für *Zig-Zag-Zig*, was so viel bedeutet wie Wissen, Weisheit und Verständnis. Es ist der letzte Buchstabe des Alphabets und repräsentiert den letzten Bewusstseinsschritt. Und so wurde mir letztlich klar, dass ich meinen Namen in Buchstaben denken musste, dass er ein Titel sein müsste, nicht einfach nur ein Wort. R-Z-A. Das steht für *Ruler – Knowledge/Wisdom/Understanding – Allah.*

Mein Leben war ein Zickzackkurs. Ich schlug den richtigen Weg ein, aber ich kam davon ab. Ich kam davon ab, und beinahe wäre ich gestorben. Also korrigierte ich meinen Kurs. Ich wurde zu RZA. Rakeem Zig-Zag-Zig Allah. Später fingen die Leute an, mich RZA-rector zu nennen, *Resurrector*, also jemand, der die Menschen wiederbelebt, sie zurück ins Leben holt. Aber in jenem Jahr habe ich die Wahrheit erkannt: Die erste Person, die du wiederbeleben musst, das bist du selbst.

Es gibt Kräfte in dieser Welt, die dir sagen werden, dass du ein Opfer bist – ein Opfer deiner Familie, deiner Ethnie, deiner Vergangenheit, deiner Geschichte.
Glaube ihnen nicht. Sie kennen dich nicht.
Blicke in dich und finde dein wahres Selbst.
Es ist dort. Gib ihm einen Namen.

ÜBER DEM LÄRM

DER WEG IN RICHTUNG SELBSTKENNTNIS

Faste ein paar Tage lang. Achte darauf, dass du möglichst wenig in Gesellschaft anderer Leute bist. Sei allein und still. Du wirst anfangen, dich zu hören, dich zu spüren. Du wirst von dem Du hören, das nicht jenes Du ist, das deine Familie, die Gesellschaft oder die Geschichte erschaffen haben. Du wirst von dem darunterliegenden Du hören, von jenem Du, das stets bei dir ist – dem Du, das den Gottespartikel in sich trägt.

Nimm dir Zeit. Unsere Kultur füllt jede Sekunde deines Tages mit Lärm. Wir leben in einem modernen Babylon – die Hure Babylon, die große Täuscherin. Denn unser Alltag verhindert, dass wir zu unserem wahren Selbst gelangen. Wenn es eine Sache gibt, die diese Kultur bemüht ist, uns nicht tun zu lassen, dann ist es der Blick in uns selbst.

Bleib für dich allein. Bitte Gott laut rufend um Hilfe, bis du fast schon weinst. Lass all die chemischen Stoffe in dir bis zu deinem Hirn hinaufsteigen, und bitte, worum immer du bitten möchtest. Dies ist Gebet – es ist das Öffnen deines Herzens.

Die Kampfkünste sind eine Art des Gebets – deshalb hat Bodhidharma die Mönche Kung-Fu gelehrt. Die Mönche wurden oft müde und schläfrig und waren nicht imstande, ordentlich zu beten, deshalb brachte Bodhidharma ihnen bestimmte Haltungen bei, um ihre Körper zu stärken. Für die Muslime gilt dasselbe. Sie waren nicht in Form, sie ernährten sich schlecht – sie waren nicht in der Verfassung zu beten. Also brachte der Prophet ihnen die Salāt bei, die islamischen Gebetsrituale, die im Grunde genommen eine Form der Kampfkünste sind. (Tatsächlich sieht eine lange Bewegung tatsächlich aus wie die Kung-Fu-Figur des »Schlafenden Luohan«.)

Finde eine Gebetsform und führe sie aus – um dein Leben zu verbessern, um dein Chi aufzubauen, um Positivität zu fördern. Die Lehren zu studieren und bedeutende religiöse Bücher zu lesen, sind hervorragende Arten des Gebets. Aber wofür auch immer du dich entscheidest, bete nicht darum, dass man dir dieses oder jenes Geschenk unter den Weihnachtsbaum legt. Bete, um dich selbst in Harmonie mit Gott zu setzen. Tue das, und du wirst Antwort auf deine Gebete erhalten.

Bete nicht für Dinge.

Bete, um dich in Harmonie

mit Gott zu setzen.

DIE FÜNFTE SÄULE DER WEISHEIT

WERDE MEISTER UND ANFÜHRER

Was wir lernen, um es zu tun, das lernen wir, indem wir es tun.

ARISTOTELES

Im April 1991 kehrte ich mit einer Mission zurück nach New York. Während meiner Gerichtsverhandlung hatte meine Mom mich dazu inspiriert, den rechten Weg einzuschlagen, also machte ich mich auf den Weg – im wahrsten Sinne des Wortes. Täglich lief ich stundenlang durch Staten Island. Ich lief und lief, so wie Bodhidharma den ganzen Weg von Indien bis nach China gelaufen war. Ich lief von den *projects* in Park Hill bis zum Dock der Staten-Island-Fähre, lief von New Brighton bis zu den *projects* in Stapleton, lief den Mai, den Juni und den Juli hindurch. Ein paar Leute dachten, ich sei verrückt, weil sie mich da draußen rumlaufen und Selbstgespräche führen sahen. Später habe ich einem von ihnen gesagt: »Ich habe vielleicht Gespräche geführt, aber keine Selbstgespräche.«

Mein Laufen war eine Art Meditation, die jeder ausüben sollte, der nach Weisheit sucht. Du kannst im Lotussitz meditieren – im Königssitz, wie er auch genannt wird – oder du kannst meditieren, indem du einfach nur die Straße entlanggehst. Du musst nicht still sein; deine Augen müssen nicht geschlossen sein. Meditation bedeutet einfach nur, dass du dir sowohl deines inneren als auch deines äußeren Selbst gewahr bist. Gib acht auf dich, denn niemand außer dir wird auf dich achtgeben.

Wie es bei Meditationen meist der Fall ist, haben meine Spaziergänge durch Staten Island nichts erschaffen; sie haben etwas enthüllt – etwas, das bereits über der Insel schwebte, bereit, Form anzunehmen. Ich fand heraus, dass die Gründung einer Plattenfirma das war, was ich tun wollte, tun konnte und tun sollte; ich wollte die besten MCs, die ich kannte, um mich herum versammeln und mit ihnen eine Rap-Gruppe formen, wie keiner sie je hätte erdenken können.

Meditation hat es mir erlaubt, das, was wir bereits waren, in einem neuen Licht zu sehen. Sie brachte mir Weisheit – und Weisheit ist Licht. Sie erleuchtete, auf welche Weise diese scheinbar unzusammenhängenden Bereiche des Wissens miteinander verbunden waren. So hatte ich beispielsweise viele Jahre die Bibel gelesen. Wenn es dort hieß, dass Simon Petrus im Garten Getsemani diesem Typen das Ohr abgeschlagen hat, dann war für mich klar, dass Petrus ein Kampfkünstler gewesen sein musste. Um jemandes Ohr mit einem Schwerthieb derart präzise abzuschlagen, muss man richtig was draufhaben. Damit ist die physische Ebene gemeint. Doch auf mentaler Ebene hatte er *mit Worten* richtig was drauf. Er muss irgendwas gesagt haben, wodurch er diesen Typen mit seinem Wissen zerstört hat. Diese Art von Wissen würde im Hip-Hop funktionieren können.

Das Wissen war vorhanden – der Wu-Tang-Film, die Geschichten aus der Bibel, die Kung-Fu-Epen, die Hip-Hop-Battles –, aber es war die Meditation, die es mir ermöglichte, all das miteinander zu verbinden, die Möglichkeiten zu erkennen und sie auf mein Leben anzuwenden. Wissen ist zu wissen, Weisheit ist zu tun. Und ich begriff, dass niemand sonst das zu diesem Zeitpunkt tun konnte, denn keiner hatte diese spezielle Kombination von Erfahrungen, Wissen und Freunden. Mit diesen Jungs machte ich schon seit Jahren Tapes. Selbst als ich als Prince Rakeem einen Plattenvertrag hatte, kamen *niggas* aus Park Hill – darunter Meth, Deck, Raekwon und U-God – bei mir zu Hause vorbei und ich produzierte ihre Sachen. Aber erst meine Meditationen in Staten Island legten offen, was die ganze Zeit über da gewesen war: das derbste MC-Team aller Zeiten.

Als Bodhidharma neun Jahre lang meditierte, kam sein zukünftiges Selbst zurück, um mit seinem gegenwärtigen Selbst zu sprechen. Sein gegenwärtiges Selbst sagte: »Wer bist du?«, und sein zukünftiges Selbst antwortete: »Ich bin du.« Daraufhin dann Bodhidharma: »Wie meinst du das?« Und sein zukünftiges Selbst antwortete: »Ich bin, was du werden wirst.« Bodhidharma hatte einen Zustand erreicht, in dem er sehen konnte, dass Zeit linear ist, das Leben aber ewig. Es gibt also in Wirklichkeit keinen Anfang, kein Ende. Lineare Logik erfasst nur die vier Dimensionen: Länge, Breite, Tiefe und Zeit. Doch in der fünften Dimension überschreitet Energie die Zeit. Das Licht überschreitet die Zeit. Zeit kontrolliert nur gewisse Ebenen. Sie ist nicht der Meister.

Der wahre Meister ist das Bewusstsein, und damit meine ich das *wahre* Bewusstsein – nicht einfach nur einen Zustand des Wachseins –, sondern ich beziehe mich auf das Bewusstsein, das niemals schläft. Den Teil von dir, der sich deines

Bewusstseins bewusst ist. Es gibt einen Teil von dir, der immer da ist, unveränderlich, und dein wahres Selbst repräsentiert – der Teil, der mit Gott verbunden ist. *Das* ist der Teil, zu dem du Kontakt aufnehmen musst.

Was mich anbelangt, so würde ich nicht sagen, dass ich die mythische Dimension Bodhidharmas hatte, aber definitiv gab es auch bei mir diese Momente, in denen ich in die Zukunft sehen konnte. Ich war mit dieser Art von Vorausschau gesegnet. Bis heute habe ich das Gefühl, dass ich dadurch die Vision hatte, die mich durch dieses Jahr hindurchgetrieben hat – dass mir dadurch Hindernisse aus dem Weg geräumt wurden, dass mein Handeln dadurch angeleitet wurde, dass es das war, was uns alle zueinanderführte.

Es war nicht einfach. Ich zog in die 134 Morningstar Road in Staten Island, eine Dreizimmerwohnung, die ich mir mit meiner Freundin, unserer Tochter, Ghost, meinem Bruder Divine, meinem Bruder Born und meiner Schwester Sherri teilte. Dies war die erste Anschrift der Wu-Tang Productions. Meine Freundin, meine Tochter und ich schliefen auf einer Sportmatte am Boden. Dort spürte ich eine Macht, die größer war als ich, größer als irgendjemand von uns – und sie rief unsere Gruppe ins Leben.

Man konnte es spüren, als wir zum ersten Mal darüber sprachen, eine Crew zu bilden. Es war ein Gespräch, das Method Man das Leben rettete. Ich tauschte mich mit Rae über die Idee aus, vor einem Gebäude, das 160 genannt wurde – 160 Park Hill Avenue, das Gebäude, das in unserem ersten Musikvideo zum Song »Protect Ya Neck« zu sehen war. Dort hingen wir regelmäßig ab, und es war ein Umschlagplatz für Drogen, es war ein Zentrum von Leben und Tod. Ich stand auf der anderen Straßenseite, gegenüber vom 160, und unterhielt mich mit Rae, Deck und ein paar anderen *homies* darüber, dass wir eine Crew namens Wu-Tang Clan gründen wollten. Dann sah ich Method Man den Gehweg entlangkommen.

Ich rief ihm zu: »Yo, Shaquan« – damals kannte man ihn unter dem Namen Shaquan –, »Shaquan! Komm mal rüber zu uns, yo!« Er war unterwegs ins 160, um sich Gras zu besorgen. Doch als er mich hörte, blieb er erst stehen und kam dann zu uns herübergerannt. Nur wenige Sekunden später – *Wa-wa-wa-wa-wumm!* – fing ein Typ an, im Eingangsbereich des 160 rumzuballern. Ein Kumpel von uns, Poppy, ein unschuldiger, netter Kerl, der noch zur Schule ging, wurde niedergeschossen und starb noch vor Ort. Die Typen, die ihn abgeknallt hatten, waren ein paar *niggas* aus Brooklyn, die Beef hatten mit ein paar *niggas* aus Staten Island. Sie hatten es auf Meth abgesehen. Und der sagte später mal zu mir: »Yo, du hast mir an diesem Tag das Leben gerettet. Ich war gerade im Begriff, direkt in den Eingang reinzulaufen, den sie zerschossen haben.«

Von da an stärkte uns eine Art Schicksal den Rücken, ein kosmisches Momentum, und das half mir dabei, etwas zu tun, was kein anderer getan hatte – acht talentierte, einzigartige, individuelle MCs zu einer Einheit zusammenzubringen.

Zunächst bestand der Clan nur aus mir und Ghost, auch wenn die anderen alle für die Wu-Tang-Crew und den Wu-Tang-Slang zu haben waren; aber das war eher eine Art Straßengang und keine Gruppe. Ich hatte die meisten von ihnen bei meiner Produktionsfirma unter Vertrag genommen. Dirty und GZA waren meine Cousins, also waren sie an Bord. Method Man und Deck unterzeichneten als meine beiden wichtigsten Künstler. Aber diesmal, in der Morningstar Road, trommelte ich alle Brüder zusammen. Ich sagte ihnen, dass wir es als Wu-Tang Clan versuchen würden.

Ich hatte die Verträge fertig. Ich sagte ihnen: »Gebt mir fünf Jahre, und ich bringe uns auf die Eins.« Es war eine lange Unterhaltung, von Angesicht zu Angesicht, von Mann zu Mann. Ich sagte ihnen, dass niemand meine Autorität infrage stellen dürfe. Es musste eine Diktatur sein. Ich sagte nicht, dass ich der härteste *nigga* der Crew sei, aber mit dem, was mir vorschwebte, musste ich der sogenannte Anführer sein, weil ich der beste *Wissende* war. Der beste Führer ist jemand, der imstande ist zu dienen. Wenn du wahrhaft imstande bist zu dienen, dann bist du imstande zu führen. Ich glaube, dass die anderen Mitglieder des Clans dieses Vermögen in mir erkennen konnten. Ich war ein wenig älter als einige der anderen. Ich war bekannt dafür, ein guter Wissender zu sein – der Jüngste, der je die *120* gemeistert hatte –, und sie hatten in mir immer einen intelligenten Typen aus der Gegend gesehen, der keinen von ihnen je verprellt hatte. Wenn ich nun voranging, dann gewissermaßen mit gutem Beispiel. Selbst wenn die Art, auf die ich mich einbrachte, manchmal von Negativität geprägt war, so glaube ich doch, dass sie sehen konnten, dass ich es nie mit negativem Herzen tat. Ich tat es aus Verzweiflung.

Alle willigten ein und jeder unterzeichnete den Vertrag. Im Oktober 1992 nahmen wir die Single »Protect Ya Neck« auf und begannen damit, sie aus dem Kofferraum eines Merkur Scorpio heraus zu verkaufen, der meinem Cousin Mook gehörte – ohne Plattenvertrag, ohne Unterstützung. Es dauerte bis Dezember oder Januar, aber dann lief der Song auf der New Yorker Radiostation WBLS, in der Sendung von Kid Capri. Die meisten Mitglieder des Clans waren gerade in der Morningstar Road; wir verpackten Platten und hörten dabei WBLS, als der Song das erste Mal gespielt wurde. Raekwon sprang so hoch in die Luft, dass er sich beinahe den Kopf an der Decke stieß – und er ist ziemlich klein. Diesen Augenblick werde ich nie vergessen. Unsere Platte wurde im verdammten Radio gespielt.

Anschließend fing ich an, Meetings wahrzunehmen, und bemühte mich um einen Plattenvertrag. Es war an der Zeit, so richtig ins Musikgeschäft einzusteigen. Und ich muss sagen: Als ich kam, kam ich in Krieg. Ich kam nicht in Frieden. Ich kam mit dem Wu-Tang-Schwert und meiner eigenen Armee – aber es war eine Armee, die ich liebte.

Als der Hip-Hop als Bewegung an Fahrt aufnahm, wurden eine Menge Leute erfolgreich, weil sie anfingen, Allianzen mit anderen Berühmtheiten zu schmieden – heute hört man Songs, auf denen fünf oder sechs Celebrities aus den Südstaaten vertreten sind, und alle haben sie ihre eigene Karriere. Aber das waren keine Kindheitsfreunde. Wir aber waren alle Freunde seit Kindheitstagen. Wir waren ein echter Clan. Und das prägte auch unseren Businessansatz. Es gibt ein chinesisches Sprichwort, das besagt: »Wer für ein Jahr plant, pflanze Mais. Wer für ein Jahrzehnt plant, pflanze Bäume. Wer für das Leben plant, trainiere und unterrichte Menschen.« Ich hatte den Eindruck, dass wir fürs Leben planten.

Im März 1993 waren mehr als zehntausend »Protect Ya Neck«-Singles verkauft. Das brachte uns auf den Radar einiger Plattenbosse, einer von ihnen Steve Rifkind, der Chef von Loud Records war. Rifkind bot Wu-Tang einen Vertrag über eine weitere Single mit Option auf ein Album an. Es gab auch andere Labels, die uns unter Vertrag nehmen wollten – darunter Angebote über 200 000 Dollar –, und die meisten von ihnen wollten die Gruppe als Ganzes unter Vertrag nehmen, einschließlich aller Solo-Aktivitäten. Aber mir war klar, dass eine Summe wie zweihundert Riesen nicht genug sein würde, um uns zu supporten und den langfristigen Plan umzusetzen, den ich für uns hatte. Also unterzeichneten wir stattdessen bei Rifkind, für einen Bruchteil des Geldes, aber dafür mit der Freiheit, uns anderen Labels anzudienen und Solo-Deals auszuhandeln.

Nachdem wir bei Loud unter Vertrag standen, beschlossen wir, den Song »After Laughter Comes Tears«, die B-Seite von »Protect Ya Neck«, durch die Single »Method Man« zu ersetzen. Wir nahmen »Method Man« auf, verbesserten die Qualität und veröffentlichten den Song. Und diese Single ging steil – im April waren dreißigtausend Exemplare verkauft, womit es Rifkinds bisher erfolgreichste Single war. Als Abt des Clans hielt ich es für die weiseste Entscheidung, dass wir in Method Man als Solokünstler investierten – eine Entscheidung, der der Clan zustimmte –, da ich wusste, dass der Song erfolgreich genug sein würde, um einen Star aus Method Man zu machen. Tatsächlich wurde das zu meiner vorrangigen Zielsetzung: systematisch jeden von uns als Solokünstler an den Start zu bringen, indem wir ihm als Teil des Wu-Tang Clan Bekanntheit verschafften – das war ein wesentlicher Teil meines Fünfjahresplans.

Der Erfolg von »Method Man« und der Rummel, der um uns gemacht wurde, brachte andere Labels dazu, uns auszuchecken. Eines dieser Label war Def Jam, bei dem jeder Rapper gerne unter Vertrag genommen werden wollte – es war der Inbegriff des Ostküsten-Hip-Hops. Natürlich waren wir begeistert, als Tracy Waples, die A&R-Chefin und somit die wichtigste Talentsucherin von Def Jam, zu uns in die Morningstar Road kam, sich unsere Musik anhörte und anschließend Russell Simmons von uns erzählte. Simmons wollte sowohl Method Man als auch Dirty unter Vertrag nehmen. Aber ich wollte nicht, dass beide Künstler beim selben Label landen. Ich wollte gerne ein möglichst breites Netz spannen und hatte kurz zuvor schon bei Elektra angerufen, um mit Dante Ross zu sprechen, dem dortigen A&R-Chef, der regelrecht verliebt in ODB war. Also ging Method Man zu Def Jam und ODB ging – widerwillig – zu Elektra, und so breitete sich der Wu-Tang-Sound innerhalb der Branche aus.

Wir beendeten die Arbeit am Album *Enter the Wu-Tang 36 Chambers*. Es wurde im November 1993 veröffentlicht, und bereits nach einer Woche waren dreißigtausend Einheiten verkauft. Die Kosten für das Album beliefen sich auf genau 36 000 Dollar. Selbstverständlich war das so. Es handelte sich dabei um unsere sechsunddreißigste Kammer. Nach all den Jahren, in denen wir auf Staten Island beschränkt waren, Talent entwickelt und das Training der Kammern durchlaufen hatten, war dies der Moment, um unsere Weisheit mit der Welt zu teilen. Deshalb hatten wir uns statt für Shaolin für den Namen Wu-Tang entschieden. Shaolin ist ein heiliger Ort, an dem es keine Gewalt und kein Verbrechen gibt. Die Wu-Tangs sind diejenigen, die bei den Shaolin-Mönchen ausgebildet wurden und das Kloster dann verließen. Ein paar von ihnen schlossen sich der Regierung an, einige wurden Killer, andere Banditen; in ein paar Filmen sind sie die Guten, meist jedoch die Bösen. Ich hielt uns für die bösen Jungs, fand aber auch, dass wir diese Kammer des Shaolin in die Welt hinausbrachten. Deshalb gab ich Staten Island den Namen Shaolin. Denn während Shaolin in Staten Island blieb, gingen die Wu-Tang in die Welt hinaus.

Der Wu-Tang Clan hat wahrhaftig einen Kampfkunst-Ansatz in den Hip-Hop gebracht – in den Sound der Musik, in den Stil der Texte, durch die wetteifernde Wortspielerei der Reime und die dazugehörigen mentalen Vorbereitungen. Ich glaube tatsächlich, dass wir eine neue Schule in die Welt gebracht haben. Aber für einen von uns war das Studium in

Shaolin noch nicht abgeschlossen. Ich war noch immer im Tempel, noch immer in meinen letzten Kammern der Hip-Hop-Produktion.

Ich war schon seit Jahren dort, hatte etwa 1982 angefangen, meine eigenen Beats zu basteln. Ich und mein großer Bruder Divine waren Hip-Hop-Besessene und gewissermaßen auch Elektronik-Nerds. Wir hatten immer unsere eigenen Plattenteller, unsere eigene Echobox, eigene Mikros, einen eigenen Vierspurrekorder. Bei mir war das einer brennenden Leidenschaft dafür entsprungen, meine eigenen Songs zu machen.

Es fing 1982 mit einem Technics-SL-6-Plattenteller an. Bis 1985 hatte ich dann erst einen Roland-606-Drum-Computer, anschließend einen 707er. 1988 holte ich mir meinen ersten Sampler, ein kleines Casio-Spielzeug, der nur zwei Sekunden Sound auf einmal sampeln konnte. Ich war immer auf der Jagd nach neuer Ausrüstung – ich borgte und ich klaute sie –, aber ich tat es nicht aus Liebe zur Technik. Ich tat es aus Liebe zum Hip-Hop. Ich war der Typ, der Breakdance machte und DJ war, der Graffiti sprühte und MC war – ich machte alles, was mit Hip-Hop zu tun hatte. Das ist vielleicht der Grund, warum der Titel des Abts an mir hängen geblieben ist. Weil ich ein Schüler aller Ausdrucksformen war.

An bestimmten Punkten deiner Ausbildung ist es gut, sich zu fokussieren und ein Purist zu sein. Gewissermaßen war es das, was ich war – ein Hip-Hop-Purist, allerdings ein Purist der Hip-Hop-Kultur in ihrer Gesamtheit. Damals waren nicht alle Hip-Hop-Producer so weitreichend in alle Bereiche der Hip-Hop-Kultur investiert – und ganz bestimmt nicht die berühmtesten unter ihnen. Man schaue sich nur jemanden wie Heavy D an – ein großartiger, mit Platin ausgezeichneter Künstler, dessen Beats aber eher nach Arschwackel-Musik klingen. Afrika Bambaataa zählt zu den Gründungsvätern des Hip-Hops und verdient allerhöchsten Respekt, aber er und seine Crew kleideten sich wie George Clinton, der Begründer des P-Funk, und die Musik, die sie machten, hatte mehr Funk, war stärker am Dance orientiert. Aber ich hatte den Eindruck, dass es damals einen echten Sound der Hip-Hop-Kultur gab, eine Seele, die auf ihrer eigenen Ebene existierte, auf den Straßen und in den Parks, in der Luft. Für diesen Sound wollte ich ein Gefäß sein.

Ich und meine Crew, wir waren strikt Hip-Hop. Alles andere hasste ich. Ich machte Beats, um darauf reimen zu können, nicht um eine Party zum Toben zu bringen. Schaut man sich Rob Base an, dessen »It Takes Two« ein Nummer-eins-Hit war, dann erkennt man, dass er kein guter MC war, und dass kein guter MC jemals einen guten Song zu einem solchen Beat aufgenommen hat. KRS-One, andererseits, war ein MC. Es waren aber nicht seine Beats, die die Clubs rockten; es waren seine Texte, die die Clubs rockten. Oder auch Eric B. und Rakim. Ihr Song »Eric B. Is President« rockte die Clubs, aber der Song, durch den Rakim sich als MC so richtig auf die Bildfläche brachte, war »My Melody«. Im Radio hörte man »I came in the door, I said it before ...« aus »Eric B. Is President«. Auf den Straßen hörte man »I take seven MCs, put 'em in the line ...«. Das war der wahre *Sound* des Hip-Hops.

Und das war es, was zu machen ich anstrebte: Street Music, Beats, zu denen die MCs rappen konnten, Beats, die dich dazu bringen würden, ein Loch in die Wand zu reißen. Ich war fokussiert. Aber es dauerte eine Weile, bis die Leute dahinterkamen, was ich zu tun versuchte, und bis ich selbst begriff, dass ein wahrer Künstler auch Handwerker ist, jemand, der die Kunst von der Pike auf gelernt hat.

Als ich noch unter dem Namen Prince Rakeem rappte, schleppte mein Manager mich zu all diesen unterschiedlichen

Producern, mit denen ich Songs aufnehmen sollte. Ich klapperte ganz New York ab – die Bronx, Harlem, Manhattan – und hörte mir fünfzig Beats an, bis ich einen fand, auf den ich reimen wollte. Schließlich fragte ich ihn: »Kannst du mir nicht 'nen Drum-Computer kaufen und mich meine eigenen Beats machen lassen?« Er sagte: »Nee.« Er fand meine Beats sonderbar; er glaubte, dass ich es nicht draufhatte.

Nachdem man mich aus den *projects* in Stapleton geworfen hatte, landete ich in einem Apartment am 7 Purroy Place; meine Tante wohnte im selben Gebäude unter mir, und direkt um die Ecke, in der Targee Street, wohnte meine Oma. Ich lebte die klassische Situation des hungernden Künstlers. Ich musste mir den Strom für Licht und mein Equipment über ein Verlängerungskabel aus der Wohnung meiner Tante holen. Aber dort haben Meth und ich den Song »Method Man« aufgenommen. Dort habe ich den Beat für »Wu-Tang Clan Ain't Nuthin' to Fuck With« gebastelt. Das wurde alles mit geklautem Strom gemacht, mit einem kleinen Achtspurrekorder, einem Emulator-X-SP-1200-Sampler und einem Sampling-Keyboard von Ensoniq, einem EPS 16 Plus, das ich durch ein paar krumme Geschäfte bekommen hatte. Das waren die echten Produktionsmittel des Hip-Hops.

Danach zogen wir dann in die Morningstar Road, zu siebt in eine Dreizimmerwohnung; dort bastelten wir den Beat und den größten Song-Teil zu »C.R.E.A.M.«. Als unsere ersten Singles uns dann etwas Geld einbrachten, zog ich mit meiner Freundin und unserer Kleinen in eine Dreizimmerwohnung am Michelle Court in Mariners Harbor, Staten Island. Meiner Ansicht nach habe ich dort meine Ausbildung in Sachen Hip-Hop-Produktion abgeschlossen – dort bin ich zum Meister meines Handwerks geworden.

Die Musik auf *36 Chambers* ist eine Ansammlung von Beats aus den *projects* in Stapleton, aus meiner Wohnung am Purroy Place und aus der Morningstar Road. Aber am Michelle Court hatte ich etwas, was ich zuvor noch nie gehabt hatte: einen Keller. Dort baute ich Studioequipment auf, und von diesem Augenblick an verbrachte ich jeden Tag dort, von morgens bis abends. Ich bastelte Beats für jeden. Ich packte sie alle auf Floppy-Disks und versah diese mit Aufklebern, auf denen der Name des jeweiligen MC stand, und auf diese Weise sammelte ich die Beats für ihre Soloalben. Zwanzig Disks für Meth, zwanzig für Ghost – insgesamt mehr als hundertfünfzig Disks.

Als ich in diesen Keller zog, hatte ich viele Kammern des Produktionstrainings erfolgreich durchlaufen. Nachdem Method Mans *Tical* nach nur wenigen Monaten Platin erreicht hatte, brachte mir das eine Menge Geld ein. Aber statt mir eine Karre zu kaufen oder was man sonst so von Rap-Stars erwartet, verwandelte ich den Keller von einem Beat-Labor in ein komplett unabhängiges Studio; hier würden wir ganze Alben fertigstellen können. In diesem Keller hatte ich meine steilste Lernkurve, zwischen 1994 und 1996.

Dieser Ort wurde zu einem *dojo* – das japanische Wort für »Ort des Tao« –; es war ein Raum für Zusammenkünfte, fürs Lernen, für spirituelles Wachstum. Es sah vielleicht nicht danach aus. Alles, was wir in diesem Keller taten, war Musik machen, Gras rauchen und Geflügelburger braten. Man hörte, wie Burger gebrutzelt, Schach gespielt und das Videospiel *Samurai Showdown* gezockt wurde. Aber der Rest war Musik.

Als ich mir in Cleveland, Ohio, mein erstes Haus kaufte, schickte ich meine Familie dorthin, blieb aber selbst in New York, um dort zu leben und zu arbeiten. Ich bin buchstäblich jahrelang nicht aus diesem Keller herausgekommen. Wissenschaftler haben mal gesagt, dass es zehntausend Stunden Übung braucht, um es in einer Sache zum Meister zu bringen. Ich hatte seit meinem dreizehnten Lebensjahr Hip-Hop-Musik gemacht, aber da unten, in diesem Labor, da habe ich vermutlich die letzten Stunden dieser Zehntausend vollendet, beim Aufnehmen, Mixen, Studieren, Entwerfen – beim Lernen. In diesem Keller habe ich ODBs *Return to the 36 Chambers*, Raekwons *Only Built 4 Cuban Linx* und GZAs *Liquid Swords* gemacht – alle drei Alben im selben Jahr, 1995.

Als wir in Studios in Manhattan *Tical* und die *36 Chambers* aufnahmen, klangen die Demos für mich immer besser als das fertige Produkt, dem eine gewisse Rohheit abging. Ich hatte auch das Gefühl, dass die gängigen Toningenieure, mit denen ich zusammenarbeitete, keine Ahnung hatten, was sie taten, wenn es um meine Musik ging. Also beschloss ich, dass ich alles dort aufbauen musste, wo niemand es hören, niemand daran tüfteln könnte, außer mir. Und genau das tat ich dann auch.

Als wir an *Cuban Linx* arbeiteten, geschah das ohne Toningenieur. Niemand außer mir fasste auch nur einen einzigen Regler an. *Killarmy*, *Sunz of Man* – das nahmen wir alles in diesem Keller auf, ohne Geld dafür ausgeben zu müssen. Später hörte ich dann ein paar Leute sagen, dass es egoistisch von mir gewesen sei, den Hinweis »mixed, produced and arranged by the RZA« auf die Alben zu packen. Dann hieß es: »Er hat keine Ahnung, wie man abmischt; er hat keine Ahnung, wie man arrangiert; er ist kein Toningenieur.« Diese Leute hatten keine Ahnung, dass ich jede einzelne Funktion des Mischpults in- und auswendig kannte. Das musste ich. Als wir dann an *Cuban Linx* arbeiteten, war ich eins mit diesem Werkzeug des Producers.

Musikproduktion ist wie das Spielen eines Instruments – beides ist Ausdruck deiner selbst. Jeder Pianist hat seinen eigenen Anschlag; jeder Violinist streicht den Bogen so, wie es die Stärke seines Arms und die Struktur seiner Hand bedingt. Deshalb gehört Miles Davis auch zu den Größten – wegen der Seele, die er durch diese Trompete bläst. Die ist ganz sein. Kreativität ist immer einzigartig, weil sie von jemandem kommt, den es so nur einmal gibt. Mit dem Produzieren ist es dasselbe – man muss dort sitzen und sich selbst in dem Sound finden.

Man braucht niemanden, der einen fragt: »Willst du ein bisschen mehr Bass auf deinem Kick haben?« Man braucht keine wissenschaftliche Erläuterung, was wie sein sollte. Eine Menge Toningenieure haben es genau so gelernt, also sagen sie einem: »Wenn die Vocals bei zwei Kilohertz sind, dann sollte die Snare entweder drunter- oder drüberliegen, damit sie nicht mit den Vocals kollidiert.« Ich habe aber herausgefunden, dass die Snare manchmal mit den Vocals kollidieren *muss*, um diese zu betonen. Man muss die Wissenschaft dahinter, ja sogar die Logik des Ganzen ausblenden. Echte Entdeckungen finden sich manchmal in Bewusstseinsbereichen, die jenseits des Intellekts stattfinden.

Eine Sache, die ich festgestellt habe: Man konnte gleichzeitig zehn Sachen nebeneinanderlaufen lassen, ohne dass sie Bezug zueinander hatten, solange jede Spur die richtige Amplitude hatte. Das bedeutet, selbst wenn der daraus resultierende Track nicht »on the beat« ist, zwingt der Takt durch den Lautstärkepegel der Drums alles auf den Beat. Auf diese Weise kann man eine Spur mit 100 *beats per minute*, eine mit 20 und noch eine mit 150 übereinanderlegen, während die Drums konstant bei 95 bpm bleiben. Alles andere – mögen es Streicher, ein Basslauf von einem Stax-Records-Song oder ein Sample eines russischen Chors sein – kann passend in dieses Schema eingefügt werden. Man verwendet einen Synthesizer, um bestimmte Töne und Frequenzen aus den Samples auszuwählen und so zu bearbeiten, dass sie aus dem Mix hervorstechen, sodass das Gehör ihnen folgen und dadurch eine Form erschaffen kann. In einem Song wie »4th Chamber« ist es die Melodieführung des Keyboards, die die anderen Klänge zusammenhält.

Eines Tages ist einem meiner Schüler, einem Producer namens True Master, etwas aufgefallen. Wir waren im Studio und er drückte versehentlich einen Fader, und der komplette Beat fiel in sich zusammen. Nur ein Fader, eine Spur, ein Instrument – und alles stürzte ins Chaos. Ein andermal hörte er mir dabei zu, wie ich einen Song abmischte – zurückgelehnt, einen Joint im Mund und die Lauscher aufgespannt –, und er verwies immer wieder auf eine Stelle, die neben dem Beat lag. »Die passt nicht, sie passt nicht«, sagte er und zeigte auf den Fader einer Spur. Und als ich dann alles eingepegelt hatte, wurde ihm klar, dass die Spur nur neben dem Beat lag, solange sie nicht den korrekten Pegel hatte.

Und das ist auch schon das ganze Geheimnis dahinter. Eine Spur kann neben dem Beat liegen, ohne danebenzuliegen. Sie kann gleichzeitig *off beat* und *on beat* sein.

Musik braucht lediglich einen Takt. Selbst ein einfaches Summen wird einen Takt, einen Beat erzwingen. Es bringt Ordnung in den Lärm. Und es funktioniert mit allem. Ich glaube, darum geht es wirklich beim Produzieren: die Musik zu *finden*. Hört man zu, kann man sie hören.

Musik zu machen und Beats zu basteln – das ist heute wie Atmen für mich. Ich habe Tausende Beats, die ich vermutlich niemals nutzen werde, aber ich kann so wenig damit aufhören, Beats zu basteln, wie ich mit dem Atmen aufhören kann. Man ist ein Instrument seines Atems, und ich bin ein Instrument für die Musik, die durch mich atmet. Wenn man auch andere kreative Tätigkeiten des Alltags unter diesem Blickwinkel betrachtet, dann hilft das, die Produktivität zu steigern. Man nimmt sich selbst aus dem Weg. Das Kung-Fu-Prinzip *Wu wei* lehrt uns, wie man handelt, indem man sich einer bewusst geplanten Handlung enthält. Das Wort *Wu* kann hierbei als »ohne« übersetzt werden. Es besagt, dass man sich die Kraft des Universums zunutze macht, dass man sie aber ohne Anstrengung nutzt und sich stattdessen in Balance mit dem Fluss des Lebens setzt. Es ist ein Prinzip, das uns von Tag zu Tag, ja von Stunde zu Stunde tragen kann.

Ein paar Stockwerke über meinem Keller wohnten Familienmitglieder der Hip-Hop-Kombo Organized Konfusion aus Queens. Ich weiß noch, wie Prince Po immer bei mir vorbeischaute, um mir zuzusehen, wie ich Beats bastelte und Reime schmiedete. Schon lustig, dass mich ein Mitglied von Organized Konfusion da unten besuchen kam, denn genau das praktizierte ich dort: organisierte Konfusion. Ich machte Musik, aber ich übte mich auch in etwas Spirituellem. Ich vertraute dem Chaos und der Verwirrung – ich verurteilte beides nicht, ich fürchtete es nicht, ich suchte nicht nach einer unmittelbaren Lösung. Das ist nicht nur eines der Geheimnisse der Musikproduktion. Es ist auch ein Geheimnis des Lebens.

Du und dein Leben – da existiert eine beständige Folgerichtigkeit, egal, was du durchmachst. Du musst dich von allem, was dich umgibt, genug lösen, um sowohl das Gute als auch das Böse in dir zu erkennen, ohne eines von beiden zu verurteilen. Du bist eine Aufnahme mit 64 Tonspuren – und diese Tonspuren sind immer da, sie begleiten dich überallhin. Manchmal sind die harschen Tonspuren im Vordergrund und die anderen sind auf null heruntergefahren. Manchmal sind die lieblichen Tonspuren deutlich zu hören und die Dunkelheit ist weit im Hintergrund. Aber du bist jede dieser Tonspuren.

Ich glaube inzwischen, dass jeder von uns viele Gesichter hat. Ich beziehe mich dabei immer auf die Tierkreiszeichen. Warum gibt es all diese verschiedenen Kreaturen, um unterschiedliche Zeiträume des Jahres zu repräsentieren? Ich glaube, das liegt daran, dass damit all die unterschiedlichen Eigenschaftes des Menschen zu verschiedenen Jahreszeiten abgebildet werden sollen. Innerhalb des Wu-Tang Clan haben wir so viele verschiedene Namen, Identitäten und Alter Egos angenommen. Aber man konnte uns auch alle neun in nur einer Person erkennen. Ich habe etwas in mir, das ich von Meth habe. Ich habe etwas in mir, das ich von Dirty habe. Jeder andere von uns hat etwas von Dirty in sich. In jedem von uns gibt es all diese unterschiedlichen Identitäten. Als ich mein *36 Chambers*-Studio einrichtete, war es mir ein wichtiges Anliegen, acht verschiedene Tonkompressoren zu haben – einen für jede Stimme des Wu-Tang Clan. Auf diese Weise musste ich, wenn ich erst einmal herausgefunden hatte, wie ich jemanden klingen lassen wollte, nie wieder einen Regler anfassen. Wann immer Ghost ins Studio kam, stand Ghosts Kompressor bereit – ich musste ihn nur noch anschließen. Dadurch entstand innerhalb des Albums eine Konsistenz. Wenn man sich heute Ghosts Alben anhört, klingt er in einem Moment vielleicht so, im nächsten ein klein wenig anders – weil mit unterschiedlichen Toningenieuren, unterschiedlichen Kompressoren, unterschiedlichen Mikros und einer anderen Studiotechnik gearbeitet wurde. Aber in den *36 Chambers* fühlte ich mich als Teil der Stimmen unserer MCs, so wie sie Teil von meiner Stimme wurden. Ich wollte, dass jeder von uns seine Parameter hat –

damit man reinkommen konnte und wusste, wer man ist und wie man klingt.

Bei der Gründung meiner Plattenfirma und der Schaffung meiner eigenen Musik war die Lektüre eines Buches über Stax Records eine der wesentlichen Inspirationsquellen für mich. Ich las das Buch und erfuhr, wie sie mit 35 Dollar ihre Plattenfirma gründeten. Ich erfuhr, wie David Porter und Isaac Hayes dort all diese Songs geschrieben und all diese Musik aufgenommen hatten und dass bis 1972 viele ihrer Hits von ein und derselben Band eingespielt worden waren: Booker T. & The M.G.'s, mit Steve Cropper an der Gitarre. All das las ich, während ich durch die Stadt lief und meine Company in meinem Kopf Gestalt annahm.

Stax hatte was? Einen Sound. Motown hatte was? Einen Sound. Wo ist jeder einzelne Song aufgenommen worden? Im Motown-Studio. Im Stax-Studio. Meine Vorstellung war es, jeden Song an diesem einen Ort aufzunehmen, und ich gab ihm den allernaheliegendsten Namen: *36 Chambers*. Denn genau das war dieses Studio: die sechsunddreißigste Kammer meiner Studien – der Ort, von dem aus ich meine Weisheit in die Welt tragen konnte.

Aber wie die meisten Dinge im Leben, so musste auch diese Kammer schließen. Kaum dass ich die Arbeit an *Cuban Linx* abgeschlossen hatte, machte ich ohne Pause weiter mit *Liquid Swords*, woran ich nonstop arbeitete. Alle anderen Mitglieder des Clans waren unterwegs auf ihren jeweiligen Tourneen, oder sie drehten Musikvideos oder brachten ihre Karriere anderweitig voran. Ich blieb im Keller und arbeitete weiter. Doch bald schon kam das Ende der Kammer, der Kreis schloss sich. Denn genau zu dem Zeitpunkt, als ich die Arbeit an *Liquid Swords* abschloss, geschah es: eine Überschwemmung.

Die Townhouses waren als Häusergruppe mit einer Abwasseranlage erbaut worden. Es gab einen gewaltigen Regensturm, und obwohl ich alles gut dreißig Zentimeter über dem eigentlichen Fußboden aufgebaut hatte, stieg das Wasser auf über einen Meter an und zerstörte mein Studio. Es erinnerte mich an die Überschwemmung damals in der Dumont Avenue in Brooklyn, als ich noch ein Kind war. Das ist die Rolle, die Wasser in meinem Leben immer wieder eingenommen hat – es bringt Zerstörung. *Liquid Swords* beginnt mit einem Sample aus dem Film *Henker des Shogun*, ein Satz, den ein Kind spricht und der es gut zusammenfasst: »That was the night everything changed.« In jener Nacht sollte sich alles ändern.

Liquid Swords war so gut wie fertig, aber das war es dann auch – das Studio war hin. In gewisser Hinsicht erinnerte es an die Zerstörung des Shaolin-Tempels, die dazu geführt hatte, dass alle Mönche sich in der Welt verstreuten. Dies geschah im Jahr 1996, und ich hatte immer noch die Arbeit an Ghosts *Ironman* vor mir, aber die musste irgendwo anders stattfinden. Auch wenn die Leute dieses Album sehr mögen, so klingt Ghosts Stimme doch nicht so gut, wie das auf *Cuban Linx* der Fall gewesen ist, weil wir die Songs im Studio von jemand anderem aufnehmen mussten – wir mussten unser Shaolin – Staten Island – verlassen.

Wir kauften das Wu-Haus in New Jersey und richteten dort ein Studio im Erdgeschoss ein. Ein weiteres Studio richteten wir uns in Manhattan ein. Mit Sony schloss ich einen Deal über zwölf Millionen ab und gründete meine eigene Plattenfirma, Razor Sharp Records, ebenfalls in Manhattan. Dann war es an der Zeit, *Wu-Tang Forever* aufzunehmen. In vier Jahren waren aus uns neun *niggas* aus Stapleton und Park Hill internationale Berühmtheiten geworden. Der

Wu-Tang Clan trug unsere Weisheit von Shaolin hinaus in die ganze Welt.

Und die Welt zögerte nicht, uns ihrerseits ein wenig Weisheit vor die Füße zu werfen.

Konfusion ist ein Geschenk Gottes.
Wenn du das verzweifelte Gefühl hast, dass du eine Lösung brauchst: sitze. Warte.
Die Information wird sich dir zeigen.
Die Konfusion ist da, um dich anzuleiten.
Bemühe dich um Distanz und werde der Producer deines eigenen Lebens.

SCHACH-STROPHEN

DIE ÄSTHETIK DER STRATEGIE

Zwei Schachstrategien offenbaren zwei Kriegsführungsstile. Die eine, das Königsgambit, ist nuklear. Wer Freude hat an Taktik und Gewalt, für den ist das die richtige Spielweise. Zunächst setzt man den weißen Bauer auf E4. Wenn der Gegner mit Bauer auf E5 antwortet, spielt man Bauer auf F4, wodurch die eigene Königsseite einem möglichen Angriff durch die gegnerische Königsseite ausgesetzt ist. Nimmt der Gegner dann den Bauer, so nimmt er damit das Gambit an, wobei ein Gambit hier als ein Materialopfer aus strategischen Gründen verstanden werden kann. Der folgende Zug ist dann Springer nach F3 – weil der Springer den König vor einem Schach durch Dame auf H5 schützen muss. Im Weiteren zieht man den Läufer nach C4. Wenn man Zeit für eine Rochade hat, ist der Angriff auf das Feld F7 in den Reihen von Schwarz so gewaltig, dass dessen Figuren die ganze Partie über akkurat gespielt werden müssen, wenn Schwarz nicht verlieren will. Das Ganze ist nicht so kompliziert wie eine 32-Züge-Partie, aber brutaler.

Die zweite Strategie ist die Spanische Partie, auch Ruy Lopez genannt, nach einem Priester und Schachgroßmeister des 16. Jahrhunderts. Dieser Stil hat eher etwas von einer

Strophe von Rakim. Er ist tiefgründig. Es steckt eine Menge Theorie darin, er ist positionsstrategisch und das Spiel kann sich über sechzig oder siebzig Züge hinziehen. Dabei geht es die ganze Zeit nur darum, sich für das Endspiel zu positionieren. Für seine dreißig Refrains. Beim Königsgambit hofft man darauf, dass es kein Endspiel geben wird. Man versucht einfach nur, die Partie zügig zu beenden. Solche Spiele enden oft nach zwanzig Zügen, dreißig vielleicht, wenn der Gegner gut ist. Es entspricht der Schwertarbeit der Wu-Tang. Unmittelbar, aggressiv – mittenrein.

DIE ANDERE WANGE

EINE MEDITATION ÜBER KUNG-FU UND CHRISTLICHE GNADE

Die Schriftzeichen des Wortes *Tao* lassen sich so aufschlüsseln, dass das Wort buchstäblich »Weg des Kriegers« bedeutet. Viele von uns führen ein Leben, in dem sie wie ein Krieger denken müssen, selbst wenn wir im Frieden sind.

Ein Krieger ist nicht einfach jemand, der in viele Kämpfe gerät. Ein Krieger kämpft nicht – er tötet. Wenn ein Krieger handelt, zieht er einen Kreis um deinen Schlag – er lehnt sich zurück, um einen Schlag abzuwehren, und wenn es sein muss, kommt er zurück und tötet dich. Das ist eine weisere Form des Kämpfens, und man sieht sie in allen möglichen Arten von Gefechten – egal, ob physischer, strategischer, militärischer oder geschäftlicher Natur.

Jesus sagte: »Halte die andere Wange hin.« Das ist in vielerlei Hinsicht ein guter Rat. Zum einen verlangt es einem etwas ab, einen Menschen zu schlagen. Es tut weh, so etwas zu tun. Aber ein Krieger würde den Ratschlag Jesu auf eine kämpferische Art und Weise verstehen. Auf der Straße heißt das: Wenn dir ein *nigga* ins Gesicht schlägt, ziehst du dich zurück, dann kommst du zurück und machst ihn richtig fertig. Ich habe das bei meinem Cousin Sixty-Second Assassin erlebt. Ein Typ wollte ihm ins Gesicht schlagen, Sixty-Second drehte seinen Kopf, und der Faustschlag glitt einfach von ihm ab. Außerdem setzt Sixty-Second im Kampf Vaseline ein, um glitschig zu bleiben und einen direkten Kontakt zu verhindern. Eine geschickte und kluge Methode. In solchen Situationen wird das Hinhalten der anderen Wange zur Strategie und ist damit mehr als nur ein rechtschaffener Lebenswandel.

Lässt du zu, dass ein Mann dir
ins Gesicht schlägt, so zeigst du damit
deine Macht und Anstand. Doch wenn er
dich noch einmal schlägt?
Handle weise und besiege ihn.
Du hast nur zwei Wangen.

GANGSTA-CHI

EINE MEDITATION ÜBER KUNST UND GEWALT

Mitte der Neunzigerjahre erlebten wir eine Teilung in der bisherigen Einheit von brutaler Musik und brutalen Texten. Zum einen gab es den Hardcore-Hip-Hop der Ostküste, der sowohl brutal klingende Musik als auch Texte voller Gewalt hatte. Doch dann gab es plötzlich den G-Funk der Westküste und Musik, wie Biggie Smalls sie machte – *niggas*, die Texte voller Gewalt über glattgebügelte Beats rappten. Geschmeidige Musik spricht mehr Hörer an – man muss nur irgendwo Zucker hinzufügen, und mehr Leute werden es essen wollen. Aber die Öffentlichkeit wurde dadurch auf seltsame Weise verändert.

Wenn die Musik brutal klingt – wie zum Beispiel bei »Bring the Motherfuckin' Ruckus« –, dann gibt das dem Hörer die Möglichkeit, seiner eigenen Gewalt Luft zu machen. Aber wenn man einen gewaltvollen Text auf einen geschmeidigen Beat singt, dann wandert diese Gewalt geradewegs in den Verstand des Hörers. Wenn man mit ganz ruhiger Stimme Shit rappt wie: »Und dann sah ich den Hurensohn und ich knallte ihn ab ... Und als er umfiel, da wusste ich, dass ich getroffen hab ...«, und das Ganze wird im geschmeidigen Flow über R&B-Beats gerappt? Dann kriegst du es nicht raus

aus dir, du kannst dieses Chi nicht freisetzen. Du lässt dich hineinziehen, der Druck baut sich auf.

Gangsta gibt es in vielen Formen. Man kann sich einen Film wie *Stirb langsam* ansehen, der voller unmittelbarer Gewalt ist. Schaut man sich aber einen Film wie *Der Pate* an, ist die Gewalt subtil – sie steckt in einem Wort, einem Nicken, einer Geste. Ich glaube, wenn man *Stirb langsam* gesehen hat, dann lässt man etwas im Kino zurück. Schaut man sich *Der Pate* an, nimmt man etwas mit, etwas, das in einen hineingelegt wurde. Beim Hip-Hop ist es genauso. Der sanfte Gangsta-Scheiß dringt in dich ein – was in gewisser Weise cool ist. Aber der knallharte Scheiß, der holt etwas aus dir heraus, und ich glaube, dass das besser ist. Sonst staut sich alles in dir auf – und du steigst in dein Auto, fährst nach Hause und bringst deine Frau um.

PEACE – FRIEDEN

Das englische Wort *peace* fand als Übersetzung des hebräischen Wortes *shalom* beziehungsweise des arabischen Wortes *salaam* Eingang in die Sprache und wurde zunächst als universeller Gruß genutzt. Es ist das eine Wort, mit dem ich jede Kommunikation mit meinen Mitmenschen beginne und auch beende. »Peace« – das ist die Abwesenheit von Verwirrung. »Peace« – das ist die Vermeidung von Konflikten. »Peace« – mit diesem Wort begegnen sich zwei Parteien auf einer Basis gegenseitigen Respekts, egal, wer sie sind. »Peace« – das ist universell. Wenn dir ein Außerirdischer vor den Arsch springt, dich angreift und »BLAAH!« ruft, kannst du immer noch »Peace« sagen. Vielleicht versteht er dich sogar.

Peace. Schon die Energie des Wortes an sich ist gut.

Frieden.

Aber wie es so treffend heißt: Komm in Frieden, aber bereite dich vor auf Krieg.

GEDANKENFALLEN

Weisheit kleidet sich in Worte, und Worte werden genutzt, um Ideen in einer Falle zu fangen. Aber sobald sich die Idee manifestiert hat, brauchst du die Falle nicht mehr. Ist der Bär gefangen, lass die Bärenfalle los.

DIE SECHSTE SÄULE DER WEISHEIT

AUFLÖSUNG

How can I put it? Life is like video footage
Hard to edit, directors that never understood it
I'm too impulsive, my deadly corrosive dosage
Attack when you least notice through explosive postage
I don't play, the rap soufflé sauté for the day
Ruler Zig-Zag-Zig A, Leg Leg Arm Head
Spread like plague, we drink Hennessy by the jig
I got the golden egg plus the goose
Eighty-proof Absolut mixed with cranberry fruit juice
Ginseng boost, I got your neck in a noose
Keep my money wrinkled, the rap star twinkle killer instinct
Sixteen-bar nickel sell more copies than Kinko
Grow like a fetus with no hands and feet to complete us
And we return like Jesus, when the whole world need us

RZA, »Reunited«

Denn was hilft es dem Menschen, die ganze Welt zu gewinnen und Schaden zu nehmen an seiner Seele?

Jesus

1997 begannen wir mit der Arbeit an unserem zweiten Album als Wu-Tang Clan. Seit unserem Debüt waren nur vier Jahre vergangen, aber alles hatte sich geändert. Zum einen waren vier von uns mit Platin ausgezeichnete Solokünstler. So hatte die Zahl Vier sich in einer neuen Regel offenbart. In einer neunköpfigen Gruppe sollst du dich vor der Zahl Vier hüten. Wenn vier Mitglieder nicht auf Kurs mit dir sind, wird das Schiff sein Ziel nicht erreichen.

Ich wusste, dass die einzige Möglichkeit, dieses Album aufzunehmen, darin bestand, dass wir alle uns von unseren *homies* und Verpflichtungen im Osten entfernten. Daher musste also eine Crew, die dazu beigetragen hatte, die Ostküste wieder zum Mekka des Hip-Hops zu machen, gen Westen gehen. Wir zogen nach Los Angeles, wo wir in den Oakwood Apartments wohnten und in den Ameraycan Studios in West-Hollywood mit den Aufnahmen begannen.

Wir schrieben wie gesagt das Jahr 1997 – eine sehr ernst zu nehmende Zahl in den *Mathematics*. Ich weiß noch, dass ich allen sagte, dass dies das Jahr der 9 und der 7 war, das Jahr von *Born God*. 9 und 7 sind 16, und 1 und 6 sind 7. Dies war ein seltenes Jahr, eine seltene Chance. Ich habe es sogar in einem Text zum Ausdruck gebracht, in dem Song »Reunited«: »Wie Jesus kehren wir zurück, wenn die ganze Welt uns braucht.« So habe ich mich damals gefühlt – als wären wir dazu berufen, uns zum Wohle der Welt wieder zu vereinen. Monatelang blieben wir in Los Angeles und nahmen das Doppelalbum *Wu-Tang Forever* auf, das wir im Juni veröffentlichten. Gleich in der ersten Woche ging es auf Platz eins. Wir waren die größte Musikgruppe der Welt. Und das war's; die fünf Jahre waren vorbei. Der Plan war abgeschlossen.

Quasi im selben Moment konnte ich spüren, dass meine Macht fort war. Schon als wir das Album aufnahmen, war mir klar geworden, dass der Clan keine Diktatur mehr war, bei der ich darüber bestimmen konnte, wer bei welchem Song mitmachen durfte und was er zu tun hatte. Er war freier geworden, eine Demokratie. Es musste so sein – es lag einfach in der Natur der Sache, das war der Weg.

Mit *Wu-Tang Forever* hatten wir alle unser Schicksal erfüllt. Meine Brüder im Clan hatten ihr Fünfjahresversprechen eingelöst, und ich hatte meines eingelöst. Die Planeten standen im richtigen Haus, die Chiffre war vollständig. Es war keine Prophezeiung mehr nötig; alles andere war in bester Ordnung. Unsere Zukunft war nicht mehr vorbestimmt.

Das Album kam im Juni heraus. Im August war es vorbei. Die Wu-Tang zogen aus dem Shaolin-Tempel aus und verirrten sich in ländlichen Gegenden – getrennt, auseinandergerissen.

Der Grund dafür war eine Tournee mit der LA-Rockband Rage Against the Machine. Das war meine Idee gewesen. Da wir ein Nummer-eins-Album hatten, hätte es Möglichkeiten gegeben, mehr Geld zu verdienen, als es mit dieser Tournee der Fall war, aber mein Eindruck war, dass es sich langfristig auszahlen würde. Ich wollte unsere Fans mit dem amerikanischen Mainstream zusammenbringen.

Sagen wir einfach, dass dies keine universell akzeptierte Strategie war. Wu war stark wie ein *motherfucker* auf dieser Tour, aber hinter der Bühne sagten die Brüder: »Yo, warum gehen wir mit diesen weißen Jungs auf Tour? Ich will mit meinen *niggas* rocken.« Das konnte ich verstehen. Sie wollten diese spezielle Energie spüren, wollten ihren Triumph teilen. Aber ich sagte: »Lasst uns im Sommer für die weißen Jungs spielen, und im Herbst touren wir dann durch die schwarzen Colleges.«

Stattdessen haben wir uns aufgelöst. Die Welt lag in unseren Händen, und wir ließen sie fallen. Es gab einen Moment, der kristallklar machte, was vor sich ging: dreißigtausend Kids, die »Ws« in die Luft hielten, während auf der Bühne nur drei oder vier Mitglieder standen. Es war so peinlich, so ganz und gar niederschmetternd. Das erste Mal passierte das in Cleveland, dann gab es ein weiteres Desaster in Chicago, samt fehlender Mitglieder, Gewalt, Polizei und allem Drum und Dran. Inzwischen hörte niemand in der Crew noch auf das, was ich sagte. Method Man hatte Doppel-Platin, Raekwon hatte Platin, Ghostface hatte Platin, Dirty hatte fast schon Platin, GZA stand ebenfalls kurz davor – das waren jetzt alles richtige Stars, mit all dem Ego, der Macht und der Verwirrung, die damit einhergehen. Die Einzigen, die noch nicht so weit waren, waren Deck und U-God, und das waren die beiden *motherfucker*, die jeden Tag auf der Bühne standen.

Eines Tages im Tourbus sagte ich schließlich: »Scheiß drauf, es ist vorbei. Ich kann das nicht machen. Ich kann nicht länger unsere Fans und uns selbst verarschen.« Nach der Hälfte der Tour stiegen wir im August aus. Und der Wu-Tang Clan zerstreute sich in alle Richtungen. Als der Shaolin-Tempel niedergebrannt wurde, hatten Kräfte von außen ihn zuvor infiltriert. In jenem Fall waren es die Mandschu gewesen. In unserem Fall waren es Geld, Ruhm und Ego. In beiden Fällen zerstreuten sich die Meister – einige gingen mit der Absicht eines Neuaufbaus; einige schlugen andere Wege ein. Shaolin würde überleben, aber es würde nie wieder dasselbe sein. Für mich galt das ebenso.

Für mich war das der Tod – der Tod einer bestimmten Person in mir. War ich früher der Abt gewesen, der Anführer, dann hatte dieser Mensch aufgehört zu existieren. Ich hatte das Gefühl, dass ich mein Leben für diese Sache gegeben hatte, und dieses Leben lag in Trümmern. Ich hatte zwei Jahre lang in einem Keller gelebt, und diese Zeit hatte mich verändert. Prince Rakeem war verschwunden. Ich war nicht mehr der Poloshirt tragende coole *motherfucker*, mit dem meine Freunde aufgewachsen waren. Jetzt war ich dieses afrokrause Kid mit Vampirzähnen – dieses Monster im Gravediggaz-Style. Auf Fotos sah ich damals älter aus als heute. Der Prinz war zu einem stinkenden Workaholic geworden, der drei Tage am Stück im Labor saß, nicht badete und nicht aß. Ich war ein richtiger Frankenstein, weil es mir egal war. Ich hatte gedacht, das sei die Sache wert.

Jetzt war ich mir nicht mehr sicher. Ich hatte geglaubt, 1997 würde das *Born God*-Jahr sein – ein Neubeginn. Aber in diesem Moment fühlte es sich an wie der Tod.

Nicht nur die Brüder hatten mich im Stich gelassen, sondern auch meine Frau hatte mich betrogen. Sie hatte sich einen anderen Mann geangelt. Ich konnte das einfach nicht glauben. Die Frau von RZA hatte eine Affäre – wie zur Hölle hatte es so weit kommen können? Mein Herz war gebrochen. Besiegt, deprimiert und verloren kehrte ich nach dem Tour-Debakel im September zurück nach New Jersey – in das Haus, das ich ursprünglich als Wu-Haus gekauft hatte.

Ich kam dort am frühen Morgen des 7. September an. Ich hatte die ganze Nacht hindurch getrunken, geraucht und alle möglichen Drogen genommen. Ich wusste, dass meine Familie in dem Haus war, aber es war eine kaputte Familie. Ich konnte meine Frau nicht einmal ansehen. Mehr noch: Ich gelangte gar nicht erst ins Haus hinein – alle Türen waren abgesperrt.

Der Morgen brach gerade an, und ich legte mich einfach auf den Rasen. Ich weiß nicht, wie lange ich dort lag, doch nach einer Weile geschah etwas Eigenartiges.

Mein Freund Kinetic war bei mir, ausgestreckt auf dem Rasen, und als ich aufstand, bemerkte er etwas. Genau dort, wo ich gelegen hatte, war eine Blume – so als ob sie über Nacht unter mir gewachsen wäre. Er pflückte sie und zeigte sie mir. Ich nahm sie in die Hand.

Ich muss diese Blume etwa eine Stunde lang angeschaut haben – völlig weggetreten, und meine Seele machte seltsames Zeug, als würde ich ins Himmelsreich blicken. In dieser Zeitspanne gab es nur diese Blume, sonst nichts. Sie war wunderschön, feucht und voller Leben.

Die Zeit verging, die Sonne kam heraus. Kinetic nahm eine andere Blume und machte einen Knoten in sie. Dann strich er mit dem Finger über die Blüte. Man konnte sehen, dass sie ihre ganze Feuchtigkeit verloren hatte. Ich schaute auf die Blume in meiner Hand und sah, dass auch sie nicht mehr feucht war. Und dann – *pling!* – begriff ich. Erleuchtung. Und ich war frei.

Seither habe ich oft versucht zu erklären, was an jenem Morgen mit mir geschah. Ich weiß bis heute nicht, ob ich das kann. Ich sah, dass die Blume wuchs. Ich sah, wie die Sonne alle Dinge wachsen lässt. Aber ich habe auch gesehen, dass die Blume am Mittag ausgetrocknet und tot war. In gewisser Weise konnte ich tatsächlich körperlich spüren, dass es so richtig war – dass es einen Anfang und ein Ende der physischen Dinge gibt. Es zeigte mir, dass es in Ordnung war, dass dieser Moment vorbei war. Eine Blume war unter mir gewachsen, dort, wo es keiner erwartet hätte. Sie war wunderschön, feucht und voller Leben. Dann, am Mittag, war sie trocken und tot. Ihre Zeit war abgelaufen.

Ich stand vom Rasen auf.

Ich hatte allen gesagt, dass dies 1997 war, das Jahr des *Born God* – ich hatte ihnen gesagt, dass sie die Existenz Gottes in sich selbst begreifen müssten. Doch am siebten Tage des neunten Monats im Jahre 1997 geschah es mir selbst. Ich war derjenige, der wiedergeboren wurde. Am 6. Juni war die 36 gekommen: Jahre zuvor hatte ich im Fernsehen am 6. Juni die *36 Kammern* gesehen – eine Vision, die einen Style, eine Hip-Hop-Crew, ein Rap-Phänomen und alles, was der Wu-Tang Clan werden sollte, inspirierte. Am 7. September kam *God Born*, was bedeutet, dass Gott entstand, und damit eine weitere Vision, die mich befreite – von meinem Ego, meiner Isolation und jeder Bürde, die mit ihr einherging.

Das ist eine grundlegende Hip-Hop-Lektion, die man nur schwer begreift. In dem Moment, in dem du ein Mikrofon in die Hand nimmst, geht es um dich. Du erzählst den Leuten, wer du bist, woher du kommst, wie du dominierst und kontrollierst. Aber der Taoismus sagt, dass die Erinnerung an den Großen Weg bedeutet, dass man auch die eigene Verbundenheit mit der gesamten Schöpfung erinnert. Er lehrt dich, deinen persönlichen Willen mit der natürlichen Harmonie des Weges in Einklang zu bringen. Nimm also nicht deine Autoschlüssel, um sie deinem Ego zu überlassen. Wenn du das tust, wirst du einen Unfall bauen.

Auf dem Weg nach oben ist es dein Ego, das dich antreibt, die Dinge zu tun, die du tust. Aber wenn du an deinem Ziel angelangt bist, musst du das Ego loslassen. Das ist ein Balanceakt, der nur gelingt, wenn man ein bisschen loslässt, wenn man großzügiger mit seiner Zeit und seiner Kreativität umgeht.

Bis zu diesem Zeitpunkt glaubte ich, dass mir der Hip-Hop gehört. Wenn man meine alten Interviews liest, sieht man das. Hip-Hop gehörte mir und meiner Crew. Er gehörte der Ostküste. Er gehörte zu New York. Er gehörte dem schwarzen Mann. Dann wurde mir etwas klar. Hip-Hop gehörte nicht uns. Er gehörte der ganzen Welt. Ich sah gewissermaßen den Flow, der die Welt zusammenhält; ich sah die Harmonie darin. Ich verstand, dass niemand diese Kräfte kontrollieren konnte.

Aber nur weil Hip-Hop der Welt gehört, heißt das nicht, dass man zulassen sollte, dass andere ihn missbrauchen. Genau das ist das Problem. Wenn etwas heilig ist, wollen die Menschen es schützen, sie wollen es für sich behalten. Jesus sagte: »Werft eure Perlen nicht vor die Säue, denn sie könnten sie mit ihren Füßen zertreten und sich umwenden und euch zerreißen!« Deshalb behütet man so sehr, was man für seine Perlen hält.

Aber Jesus würde auch sagen: Wissen ist kostenlos, Weisheit ist kostenlos, und dass man geben muss. Und die Kung-Fu-Legenden sagen dasselbe. Deshalb wurde der Shaolin-Tempel niedergebrannt. Denn wenn du dich nicht um die Außenwelt scherst und die Außenwelt voller Wölfe ist, die alles auffressen, wohin werden sie dann gehen, wenn sie alles aufgefressen haben? An *deine* Wiege.

Ich habe das Gefühl, der Klostervorsteher, dessen Sample ich an den Anfang von »Reunited« gesetzt habe, hat das gewusst. Er sagt: »Ich fürchte, das Unglück muss kommen. Wir müssen mehr Schüler haben, damit sich das Wissen ausbreiten kann.« In diesem Film fangen sie damit an, indem sie normale Leute in den Tempel lassen. Das führt zur Zerstörung des Tempels, gleichzeitig aber auch zu seinem Erhalt. In Bezug auf den Hip-Hop empfinde ich ebenso. Was immer daraus werden wird, wird nicht werden, wenn er auf Exklusion setzt. Und so fühle ich seit jenem Morgen, als ich das Licht sah und mich veränderte.

Bis zu diesem Morgen hatte ich Erfolg, aber ich war schwach und innerlich verzogen. Zwar hatte ich Reichtum, Ruhm und Kenntnis meiner selbst, aber ich war nicht frei von Ego. Ich war verschlossen, unsozial, aggressiv, eingebildet und gemein. Am 7. September 1997 wurde ich demütig. Und seitdem ist die Person, die die Leute unter dem Namen RZA kennenlernen, in Ordnung. Seit diesem Tag war es mir möglich, mit den Menschen über mein Leben zu sprechen; ich konnte ihnen sagen, dass ich weder Muslim noch Buddhist noch Christ noch Gangsta noch Schläger noch Prophet bin. Ich bin nichts von alledem, auch wenn ich in gewisser Weise all das bin. An diesem Tag wurde ich zu mir selbst: ein bescheidener Krieger und auch wieder ein Schüler. Ich wurde frei. Ich fand Frieden. Und ich habe ihn bis zum heutigen Tag.

Wenn du eine Niederlage durchlebst,
bist du nicht besiegt. Wenn du geschlagen wirst,
aber Weisheit erwirbst, dann hast du gewonnen.
Verliere dich, um dich zu vervollkommnen.
Nur wenn wir jede Selbstdefinition abstreifen,
finden wir, wer wir wirklich sind.

HIP-HOP-KŌANS – SINNSPRÜCHE

»ALLES IST ALLES.«

Wenn Buddha sagt: »Alles ist Illusion«, dann sagt er damit nicht, dass nichts real ist. Er sagt, dass die Projektionen deines Verstandes auf die Realität Illusionen sind. Er sagt, dass die Elemente im Universum, die alles Physische bilden, das wir sehen – fest, flüssig, gasförmig –, nicht existieren, wenn man sie auf ein subatomares Level herunterbricht. Deshalb ist alles, was wir sehen, eine Illusion, weil es Gestalt oder Form ist, aber nicht wahre Essenz. Einer der Gründe, warum der Buddhismus ins Abseits gedrängt wurde, liegt darin, dass er westlichen Gottesvorstellungen zu widersprechen schien. In einem Augenblick zu sagen: »Alles ist Leere«, und im nächsten: »Alles hat Buddha-Natur«, ergibt für die meisten von uns keinen Sinn. Aber was Buddha sagte, ist wahr.

Dein Körper ist dein Instrument. Und wenn du dieses Instrument in den Dienst von Gottes Willen stellst? Dann wird dieses Instrument zu einer Erweiterung der Hand Gottes. Das ist Moses, der das Rote Meer teilt. Das ist Jesus, der über das Wasser geht. Sie sind Ausdruck dieser Erweiterung – denn die Macht des Physischen unterliegt nur den Grenzen der

Kraft der Gedanken und des Geistes, der durch es hindurchfährt oder -fließt. Alles ist alles.

»ALLES IST GUT.«

Das ist sowohl Straßenjargon als auch Zen-Feststellung – und es ist wahr. Unterm Strich und letztendlich *ist* alles gut. Selbst wenn eine Bombe hochgeht und ein ganzes Gebäude in die Luft jagt, wenn all die Atome und die Materie, die gerade noch verdichtet waren, freigesetzt werden: Wenn die Explosion vorüber ist und alles sich gelegt hat, kehrt alles wieder zur Normalität zurück. Alles ist gut. Auch wenn der Teufel seit biblischen Tagen und heute noch Chaos anrichtet, wird Gott ihn letztlich vertreiben. Letztendlich wird das Gute über das Böse triumphieren.

Die Wissenschaft bestätigt dies. Wenn Gott gut ist, wenn das Universum aus einer guten Energie heraus entstanden ist, dann wird alles gut sein – bis hin zur subatomaren Ebene. Elektronen sind negativ, aber sie bewegen sich um das Proton, das selbst positiv ist. Es sitzt reglos im Zentrum und bestimmt das Gewicht des Atoms. Egal, was das Elektron tut, das Proton ist der Grund dafür, dass alles ist, was es ist. Es wiegt etwa das Tausendeinhundertfache der Elektronen. Das Proton ist Gott. Alles ist gut.

»HASSE NICHT DEN SPIELER; HASSE DAS SPIEL.«

Das ist anständiger Straßenjargon, aber es ergibt auch in einem praktisch-spirituellen Kontext Sinn. Es ist dem biblischen Rat entlehnt, die Sünde und nicht etwa den Sünder zu hassen. Das ist es, was Jesus auf so viele Arten zum Ausdruck brachte: »Hasse nicht den Spieler; hasse das Spiel.« Man hat ihn verfolgt, weil er von Rechtschaffenheit sprach und die Wahrheit verkündete, also sagte er einfach: »Yo, ihr spielt das Spiel falsch. Ihr führt hier draußen ein böses Leben, tut dies, tut jenes, und mich wollt ihr hassen, weil ich euch davon erzähle? *Nigga*, hass nicht mich. Hasse die Situation, in der du steckst.«

Dasselbe sagt er gewissermaßen sogar zu Gott – was nur umso mehr zeigt, wie kraftvoll Jesu Seele war. Er wird ans Kreuz geschlagen, und in seinen letzten Momenten auf Erden blickt er auf seine Mörder herab, erkennt, dass sie alle nur Handlanger innerhalb eines größeren Plans waren, und er sagt Gott, er solle ihnen vergeben – denn sie wüssten nicht, was sie tun. Hier also haben wir einen Mann, der Gott höchstselbst sagte: »Hasse nicht den Spieler; hasse das Spiel.«

»FÜGE DICH EIN, WO DU HINEINPASST.«

Eine der größten Schwierigkeiten in deinem Leben ist es, zur rechten Zeit den rechten Ort zu finden. Füge dich ein, wo du hineinpasst. Das bedeutet nicht, dass du nicht träumen und nach Besserem streben sollst. Es bedeutet, dass sich alles zur rechten Zeit offenbaren wird. Es braucht Zeit, damit das Denken innerhalb unserer dreidimensionalen Welt eine feste Gestalt annehmen kann. Gedulde dich.

In den Lehren lautet eine Frage: »Wirst du hoffen, den Tag zu erleben, an dem die Götter den Teufel in die Hölle bringen, in sehr naher Zukunft?« Die Antwort darauf lautet: »Ja, ich faste und bete zu Allah, dass ich den Tag erleben möge, an dem Allah zu seiner eigenen rechten Zeit erscheint, um den Teufel von unserem Planeten zu holen.« Der »Zu seiner eigenen rechten Zeit«-Teil ist wichtig. Alles hat seine eigene Zeit, seinen eigenen Ort.

Propheten zum Beispiel haben zu ihren Lebzeiten nicht viele Anhänger. Jesus hatte zwölf Apostel – zweitausend Jahre später hat er mehr als zwei Milliarden. Mohammed hatte siebzig – heute sind es rund 1,8 Milliarden. Buddha hatte fünfhundert – inzwischen sind es ein paar Hundert Millionen. Sie haben sich eingefügt, wo sie hineinpassten.

GEFUNKEL UND NICHTIGKEITEN

ÜBER FALSCHE EDELSTEINE UND FALSCHE PROPHETEN

Heutzutage ist das Image – das, was man in den Augen der anderen abbildet – alles. Aber die Bibel besagt, dass wir uns vor falschen Abbildern in Acht nehmen sollen – vor falschen Abbildern und falschen Propheten, vor den Dingen, die uns verführen. Man beachte nur diese eine Tatsache, wenn es um den größten Verführer der Vereinigten Staaten geht: Hollywood. In keinem Film kommen echte Diamanten zum Einsatz. Es sind immer falsche Diamanten. Es sind falsche Propheten.

Heute hört man Rap-Künstler erzählen, dass ihr Handgelenk »frosty« und »frozen« ist, wie ihre Klunker dich blenden werden. Tja, vielleicht tun sie das. Vielleicht haben sie dich bereits geblendet. Wenn ein Mann sich mit zu viel funkelndem Schmuck behängt, kann das ein Loch offenbaren, eine Leere, die er mit Diamanten zu füllen versucht.

Edelsteine sind Minerale, komprimierte Stückchen Erde, Schichten kristallinen Kohlenstoffs. Was sie zum Leuchten bringt, ist ihre Geschichte. So ist es auch beim Menschen.

Erkennt ein Mensch sich selbst, dann erkennt er seinen wahren Edelstein und sein Körper bringt diese Weisheit zum Ausdruck. Er wird selbst zu einem Edelstein. Wenn er über einen scharfen Verstand verfügt, dann liegt in seiner Art zu laufen und zu reden eine gewisse Schönheit. Erlange Weisheit, und du hast alles Bling-Bling, das du jemals brauchen wirst.

MENSCH UND TIER

Ich esse kein Fleisch – seit 1995 bin ich Vegetarier. Aber ich habe nicht aufgehört, weil ich Buddhist oder Hindu geworden bin. Ich habe aufgehört, weil ich die Offenbarung hatte, dass ich tote Tiere esse.

Es fing in einem Restaurant an, in dem ich mit einem meiner Schüler aß – ich war damals neunzehn –; er aß Huhn und ich ein Steak. Es war das »All you can eat«-Special im Ponderosa Steakhouse. Doch einige meiner Schüler aßen überhaupt kein Fleisch. Tatsächlich aßen Dirty und ich im Alter von vierzehn bis sechzehn Jahren kein Fleisch, aber dann begannen wir, uns für Sex und Drogen zu begeistern, und das führte dazu, dass wir wieder karnivor wurden.

Aber an jenem Tag sah mein Schüler mich dieses Steak essen, und er zeigte auf den Knochen. Er sagte: »Guck dir das an, yo«, und zeigte auf das Blut am Knochen. »So was isst du?« Und ich sagte: »Hey, ich esse kein Schweinefleisch, aber ich denke, das muss jeder selbst entscheiden.« Aber etwas von dem, was dieser Junge sagte, ließ mich umdenken. Und von diesem Tag an habe ich kein rotes Fleisch mehr gegessen.

Fisch und Geflügel aß ich weiterhin. Aber dann aß ich eines Tages Hühnchen und biss mit meinen Zähnen auf einen Knochen. Mein Verstand meldete sich zu Wort: »Toter Vogel.

Das bin ich, wie ich einen toten Vogel esse.« Als wäre ich ein kompletter Vollidiot. Fällt mir außer totem Fleisch denn eigentlich nichts ein, was ich essen könnte? Ich begann, darüber nachzudenken: »Ich bin lebendig, ich habe ein Leben, mein Fleisch ist lebendig. Warum sollte ich etwas essen, das tot ist?« Ich aß weiterhin Fisch, aber ich rechtfertigte es vor mir, indem ich mir dachte, dass es Fisch in einer solchen Hülle und Fülle gibt, dass es nichts ausmachen würde. Ihren Tod spürte ich nicht so eindringlich. Doch dann begriff ich, dass sie nichtsdestotrotz alle tot waren – und ich fühlte mich unglaublich dumm.

Ich fing an, Bücher zum Thema zu lesen. Eine der Lehren, die ich zum Thema fand, wird das »Große Verstehen« genannt – sie stammt womöglich von Elijah Muhammad. Diese besagt, dass alles, was wir essen, irgendwann einmal lebendig war – wir aßen von den Bäumen, vom Boden, und unsere Ausscheidungen nährten wiederum die Bäume. Alles war Leben, weshalb der Mensch nicht starb. Als er anfing, sich den Tod in den Körper zu stecken, begann er zu sterben.

Von diesem Zeitpunkt an aß ich, um zu leben.

SONNENREGEN

EIN STATEN-ISLAND-KLAGELIED

Einem bösen Verstand folgt Ärger
Du siehst das ganze Spektrum des Lichts, doch bist immer noch blind
Denn es fehlt dir am Innern, jeder Sünder
endet im immerwährenden Winter
des Höllenfeuers, wo Dornen und Splitter
dir das dritte Auge ausstechen

Du heulst auf, deine Worte fliegen hinaus, und Klänge verebben
Du bleibst ungehört, ewiglich leidend, intern, extern
Zusammen mit deiner bösen Bruderschaft aus Generälen und Obristen
Die thermonukleare Hitze freisetzend, die dich entschieden
und beständig verbrennt auf dieser Reise
Durch das Tagebuch des Buchs des Lebens.

Jene, die ein Leben nahmen ohne Recht
werden zu Eis, zu ewigem Eis
Man hat gesagt, dass dein schlimmster Feind
dir nicht so viel Schaden zufügen kann wie deine eigenen bösen Gedanken

Welch Teufelszeug wir schmiedeten, und haben nicht hören wollen
Nun klagt dich der kosmische Gerichtshof an
Ich in der Hölle mit dem kräftigen Wein, ein Duftgemisch
aus Sandelholz mit Rosenblüten und Jasmin
während Menschen Talismane nutzen

Weihrauch verbrennen, Zaubersprüche singen
um höhere Dimensionen zu erreichen

Ich bin überzeugt, Allah ist Gott, immer, immer gewesen
wird immer sein
Du könntest jeden Quadratzentimeter des Planeten
Erde bereisen und wärest noch immer
hundertfünfzig Millionen Kilometer von der Sonne entfernt

Bis du dich siehst und die Sonne Eins ist, wie das
Wissen, wisse, wo der Felsvorsprung zu deinem Herzen ist
oder stürze in die innere Hölle, die unerschlossen ist

Licht bewegt sich mit einer Geschwindigkeit von
300 000 Kilometern pro Sekunde durch Zeit und Raum,
bis es ein Ziel erreicht

Aber was ist dann die Geschwindigkeit der Dunkelheit
und zeig uns den Weg dorthin, wo das Rote Meer
geteilt wurde

Tretet geradewegs durch das enge Tor
denn breit ist die Straße zu Zerstörung und Hass
Hast du etwa gedacht, das Leben wäre ein Sport?
Ein Spiel? Nur hundert Jahre kurz?
Nein, die Seele ist unsterblich
Durchschreitet viele Portale
Und jene, die vom Wege abkommen
werden am jüngsten Tag zahlen
und die paar Jahre bösen Scheiß lohnen nicht
die Ewigkeit in einem Schwefelsee

Mit Drachen und Schlangen
und jedem Schmerz, den du imaginieren kannst

Stattdessen bin ich ein Frischvermählter
dem wahren Brote
des Lebens und füttere meinen Kopf das Gottesmaß
Der Narr, der schläft, ist bereits tot, heißt es
deshalb bleibe ich wach und gebe auf meinen Bruder acht
und lüfte den Schleier der Haut, damit wir einander sehen
können
denn jede Farbe
kann das Licht matter wirken lassen

Wer ist der farbige Mann? Wer ist das Original?
Wer ist der Biochemische?
Wer ist das okulierte Digital, Digital, Digital, Digital
Digital ...

Zweihunderttausend Millionen Atome pro Kubikfuß
in der Luft, die wir atmen
Während *niggaz* ihren Verstand zwanzigtausend
Klafter unter
dem Meer der Wirklichkeit gelassen haben;
sie können nicht tief Luft holen
Teufel halten sie fest
hingezogen zu .45er Magnums, die Knochenfragmente
zerschlagen

Cops fluten den Block und du wirst eingesackt
von Dragnet
In einen Stahlschrank geworfen

Gewichte stemmen, uralte Tafeln lesend
zu Hause im Block lässt sich's keiner gefallen
Die, die nicht gelernt haben, werden zurückgeschickt
Ihr abgedrehten *niggaz* werdet verbrannt

Manch einer läuft rum, als ginge ihn alles nichts an
diese Hölle, die sich in der Welt abspielt
Warum missbrauchen erwachsene Männer kleine Mädchen?
Liegt es daran, dass die Brüste des Mädchens angewachsen sind
auf die Größe einer Frau, auch wenn sie
erst zwölf ist

Die ganze Welt ist krank, krank, krank
Gefangen in der Sechs, Sechs, Sechs,
Ich fing als Bauer an
in diesem Marathon des Lebens, hab versucht, weiterzumachen
mir gewünscht ich hätte 'ne Bombe, um Babylon zu sprengen
Ein Vagabund, der versucht, Kleidung zu stehlen von Paragon
Höre mir an die Worte des Gesandten Farrakhan
Drehe mich im Kreis, wie ein Riesenrad

Mahlzeiten ohne Nährwert
Ich ehre die Hoffnung, ertrinke im Meer des Lebens
Nutze mein drittes Auge als Periskop und fliege
bis an den Rand der Nacht
In ferne Höhen, so dunkel, dass du selbst mit einem hellen Licht
nicht einen Funken Licht sehen könntest

Während andere Ball spielten, weiß ich noch
wie ich und GZA und Dirty in Fluren abhingen,
auf Wänden trommelten
und Reime kickten, drei Stunden am Stück
Vom Sonnenaufgang in Freeport zu den Amityville Malls

Rasierklingen zwischen den Kiefern, alle Gesetze gebrochen
Angefangen hat's mit dem Schreiben von Fabeln
dann trommelte ich Beats auf Kantinentischen
dann trug ich Ketten, die hingen mir bis zum Nabel
Habe päckchenweise Crack und dicke Säcke Weed verkauft
fette Joints geraucht zu 'ner Menge P-Funk
PCP-Cocktails und Joints mit 'ner Prise Kokain
mehr Würfel geworfen als jedes Casino

Damals, als die Wu-Gambinos
F.O.I. MCs genannt wurden
Die All in Together Now Crew B.C.C.
Rec Posse, G.P., D.M.D.

Ol' pirschte durch East New York, GZA hielt Stellung in der Franklin Lane
Ich ging auf die Thomas und Jeff, wo sie Studenten erlegen
Old Earth wurde nervös, brachte mich zum Shaolin, schickte mich zu Curtis
Gemeinsam mit U-God auf die McKee, Unternehmensführung
Während Meth Chef und Deck abhauten nach New Dorp
mit weißen Jungs auf Steroiden
pumpten Bizeps, Trizeps, Pectoralis und Deltoideus

Damals, als unsere Mädels Jungfrauen waren
Schule schwänzen mit Ghost, versuchten *hoes* flachzulegen an der Mary Burcham
An der Mabel Dean Bacon und der Washington Irving

Diese jungen Götter suchten *hoes* an der Westinghouse, an der Clara Parton und der Medina
Mädels, die sangen wie Sarafina
An der Ecke Belmont und Picket Avenue hab' ich sie gesehen
Als hätte ich sie mir erträumt
Ich war völlig blank, heute mache ich mit Key Notes G-Notes
Da ist also immer Hoffnung
Seh' die Subways durch die Stadt rauschen wie Blut durch die Adern
In das Herz von Medina, doch Shaolin ist das Hirn
Darum gebt acht auf diese Worte
Und spürt die Kraft des Sonnenregens

Nähern uns der letzten Stunde
Machtgleichheit, Allah sieht alles
Lasst uns unter den Flügeln zusammenkommen
und die Flucht ergreifen,
Wu-Tang, die Saga,
Rzarecta
in deinem Sektor

SUNSHOWER

A STATEN ISLAND JEREMIAD

Trouble follows behind a wicked mind
20/20 vision of the prism of light but still blind
because you lack the inner, every sinner
will end up in the everlastin' winter
of hellfire where thorns and splinters
pick your third eye out

You cry out your words fly out, and sounds die out
You remain unheard, sufferin' eternally, internal
external
Along with your wicked fraternal of generals and
colonels
Releasin' thermonuclear heat that burns you firmly
And permanently upon this journey
Through the journal of the book of life.

Those who took a life without justice will become
just ice ice ice
It's been taught that your worst enemy can't
harm you as much as your own wicked thoughts
What devils aught we wrought, and listen naught
Now you're bein' persecuted by that universal court court
court

I in hell with the strong wine, a fragrant blend of
sandalwood with rose petals and jasmine
as men use talismans
Burning incense, chantin' witchcraft to reach higher dimen-
sions

I'm convinced, Allah is God always has been always will be
You could travel every square inch of the planet
Earth and still be
Ninety-three million miles away from the sun

Till you see you and the sun is one, like the
knowledge, know the ledge to where your heart is
or fall off into the internal hell that's uncharted

Light travels at the rate of 186,000 miles per
second through time and space, until it reach
a target

Now what's the speed of darkness
and show us the path to where the Red Sea was
parted

Enter ye straight into the narrow gate
for wide is the road to destruction and hate
What you thought, life was a sport?
A game? One hundred years short?
No, the soul is immortal
Going through many portals
and those who go astray
will pay a judgment day
and these few years of wicked bullshit ain't worth the eter-
nity inside a sulfur lake
With dragons and snakes
and any pain you can imaginate

Instead, I chose to become a newlywed to the
true bread

of life and fed God Degree of light to my head
It's been said, the fool who is asleep is already dead
so I stay awake and take care of my brother
and uncover the veil of skin so we can see each other
'cause every color
can make the light appear duller

Who's the colored man? Who's the original?
Who's the biochemical?
Who's the grafted digital, digital, digital, digital
Digital ...

Two hundred thousand million atoms per cubic feet
of air we breathe
While niggaz minds are trapped twenty thousand
fathoms beneath
the sea of reality, they can't inhale deep
devils have 'em stagnant
attracted to .45 Magnums that shatter their bone
fragments

Cops flood the block you gettin' bagged up by
Dragnet
Thrown into a six-by-eight steel cabinet

Lifting weights, readin' ancient tablets
back on the block nobody's havin it
Those who haven't learnt get returned
You freaky-ass niggaz get burned

Some walk around like they ain't concerned
with the hell goin' on inside the world

Why do grown men molest little girls?
Is it because the girl's breast has swelled
to the size of a woman, although she's twelve

The whole world is sick, sick, sick
Trapped up in six, six, six
I started off as a pawn
in this marathon of life tryin' to carry on
wishin' I had a bomb to blow up Babylon
A vagabond, tryin' to steal clothes from Paragon
Listening to the words of Minister of Farrakahn
Goin' in circles, like a Ferris wheel

Undernourished meals
I cherish hope, drownin' inside the sea of life
Use my third eye for a periscope, and take flight to
the edge of night
To far heights so dark that even with a bright light
you couldn't see a spark of light

While others play ball, I recall
me and GZA and Dirty hangin in halls, bangin
on walls
Kickin' rhymes three hours straight with no pause
Boostin' from Freeport sunrise to Amityville malls

Kept razorblade between the jaws, breakin all laws
Started out writin' fables to makin' beats on
lunchroom tables
to wearin long cables that hung down to my navel
Sold packs of crack and fat sacks of skunk
to bundles of P-Funk, smokin' woola blunts

Dust cocktails and primos
shot more dice than casinos

Back when Wu-Gambinos
were called F.O.I. MCs
All in Together Now Crew B.C.C.
Rec Posse, G.P., D.M.D.

Ol' Dirty stalked East New York GZA maintained in
Franklin Lane
I was going to Thomas and Jeff, where students
got slain
Old Earth got nervous brought me to Shaolin sent
me to Curtis
Took share time in McKee with U-God general
contractin service
While Meth Chef and Deck was off to New Dorp
with white boys who took steroids
Buildin' up bicep, tricep, pectoids, and deltoids

Back when our girlfriends was virgins
Cuttin' class with Ghost tryin' to bag hoes in Mary
Burcham
And Mabel Dean Beacon night school at Washington Irving

These young Gods was seekin' hoes in Westinghouse
and Clara Parton and Medina
Girls who sung like Sarafina
On the corner of Belmont and Picket Avenue
I seen her
As if I dreamed her
I was dead broke, now I will use key notes to make

G-notes
So it's always hope
See subway train run through the city like blood
through the veins
To the heart of Medina, but Shaolin is the brain
So take heed to these words
And feel the power
of the Sunshower

Approaching the final hour
Power equality, Allah sees everything
Let's come together under the wings
And take flight,
Wu-Tang, the saga,
Rzarecta
In your sector

DIE SIEBTE SÄULE DER WEISHEIT

GÖTTER UND HELDEN

»Nicht jeder ist dazu bestimmt, etwas zu bewegen. Aber für mich ist die Entscheidung, ein gewöhnliches Leben zu führen, keine Option mehr.

PETER PARKER, *SPIDER-MAN*

Es lässt sich nur schwer erklären, wie es ist, reich und berühmt zu sein – und aus dem Ghetto zu kommen. Eine Möglichkeit ist es, sich einen Superhelden vorzustellen: jemanden, der besondere Kräfte hat, eine geheime zweite Identität, vielleicht auch ein oder zwei geheime Schwächen.

Jeder, der Wu-Tang hört, weiß, wie ausführlich wir auf Comichefte verweisen – wenn zum Beispiel Meth den Namen Ghost Rider oder Johnny Blaze annimmt, oder wenn Ghostface den Namen Iron Man oder sogar den Namen von Iron Mans Alter Ego Tony Stark annimmt. (Schon komisch, wenn man dann sieht, wie viele unserer Referenzen heute in großen Hollywood-Produktionen zu finden sind.) Jeder von uns könnte die Gründe dafür nennen, warum er sich diesen oder jenen Namen ausgesucht hat. Es bietet einem die Möglichkeit, einen anderen Teil von sich selbst zum Ausdruck zu bringen, so wie man sich auch mit seinem Lieblingsfilmstar identifiziert oder wie man immer ein bestimmtes Gesicht macht und deine Freundin sagt: »Du siehst genauso aus wie der und der«, und du bist dir darüber im Klaren, denn der Typ ist dein Held, er ist Teil deiner Identität – seine Weisheit hat dein Gefäß gefüllt, wenn auch nur für einen Augenblick. Aber Alter Egos können tiefgehender werden, je größer man wird. Und wenn man Ruhm und Reichtum erlangt, nehmen manche Alter Egos ein Eigenleben an.

1997 brach mein Leben entzwei, mein Clan zerstreute sich, meine Freundin und ich trennten uns nach sechs Jahren Beziehung. Also zog ich nach Kalifornien und wurde jemand anderes. Ich wurde ein Superheld – denn genau so fühlte es sich an. Man stelle sich das mal vor. Gerade noch liegst du in deinem Garten in New Jersey – deprimiert, mit gebrochenem Herzen – und bist aus deinem eigenen Haus ausgesperrt. Im nächsten Moment sitzt du hinter einem Flügel in einer Suite in West-Hollywood, rauchst kubanische Zigarren mit Leonardo DiCaprio, kurz nachdem *Titanic* herauskam, und hörst, wie der größte Star der Welt Wu-Tang-Texte für dich rappt.

Zum Teil war das eine bewusste Entscheidung, die mit der Erkenntnis einherging, wie viel Macht ich jetzt hatte. In all den Jahren, die ich nun schon vermögend gewesen war, hatte ich in meinem Keller gesessen und es nicht begriffen. Wenn man mit anderen Jungs aus dem Clan über die Mitte der Neunzigerjahre redet, hat jeder von ihnen großartige Geschichten aus einer großartigen Zeit seines Lebens zu erzählen. Aber 1998 und 1999 habe ich die verlorene Zeit wettgemacht. Man stelle sich einen Mann vor, der frei ist, der weit weg von daheim ist und sich mit einem Mal seiner Kräfte bewusst wird – das ist ein Superheld. Das ist es also, was auch ich wurde: Ich wurde zu Bobby Digital.

Die Geschichte ist voll von schlechten Menschen, die Buße tun und Großes leisten. Malcolm X – als junger Mann jagte er weißen Frauen nach und zog Kokain, fand dann aber zu Allah und änderte sich. Aber was ist mit Menschen, die Wissen erlangen und dann *wieder* Unrecht tun? Dafür muss man für gewöhnlich einen Blick auf unsere Superhelden werfen.

Wolverine: Er schließt sich den X-Men an und wird einer von den Guten, aber er zieht trotzdem monatelang allein durch die Gegend, um Unruhe zu stiften. Er war ein Killer. Der Mann ist ein Superheld, aber er würde, ohne zu zögern, in eine Bar gehen, sich volllaufen lassen und jeden Einzelnen vor Ort abschlachten. Oder Superman: In *Superman III* wird er von Kryptonit getroffen, das ihn zu einem Widerling macht, und er fängt an zu saufen und Leute zu schikanieren. Als ich *Hancock* gesehen habe, den Will-Smith-Film, da hatte ich fast das Gefühl, dass Bobby Digital irgendwie eine Inspiration dahinter gewesen sein muss. In dem Streifen geht es um einen Superhelden, der trinkt, raucht, Scheiße labert und seine Verantwortung nicht ernst nimmt. Sein Leben spielt sich zwischen den Polen »100 Prozent gut sein« und »Böses tun« ab, und niemand kann ihn aufhalten.

Ich hatte gewisse künstlerische Gründe dafür, ein Alter Ego anzunehmen. Das Label Gee Street gab mir einen lukrativen Deal für mein Solodebüt als RZA, und ich hatte mir vorgenommen, ein positives, rechtschaffenes Album voller Weisheit abzuliefern, das *The Cure* heißen sollte. Aber um ein Album wie *The Cure* abliefern zu können, glaubte ich, auf einem Berg leben zu müssen – ein hundertprozentiger Vegetarier, tief versunken in einem mönchartigen Zustand der Transzendenz. Ich wollte ein lebendes Beispiel sein für die Worte, die ich schrieb. Sagen wir aber einfach: Die Zeit war noch nicht reif dafür. In gewisser Weise hatte ich mich wirklich von dieser Welt befreit, aber niemand würde eine Ahnung haben, wie ich dorthin gekommen war oder wie man selbst dorthin gelangen würde. Also beschloss ich, der Welt zu zeigen, wie es mir gelungen war. Und der einzige Weg, das zu tun, bestand darin, eine Figur einzuführen, die meine Vergangenheit repräsentiert, meine dunkle Hip-Hop-Seite. Digi bedeutet einerseits digitale Technologie, andererseits steht das Wort im Slang der Straße für Gras, das mit einer flüssigen Form von PCP, »Angel Dust«, versetzt wurde. Beides passt zu Bobby Digital.

Ein Rapper spielt eine Rolle, aber nicht in dem Sinne, wie ein gewöhnlicher Schauspieler das tut; man lebt seine Rolle tatsächlich, es ist fast wie Method Acting. Für Bobby Digital habe ich mich deshalb von Robert De Niro inspirieren lassen – Bobby De Niro. In *Kap der Angst* ist er ein Psychopath, in *Der Pate* ist er der junge Vito Corleone, in *Taxi Driver* ist er Underdog und Antiheld, und dann gibt es noch einen Film, in dem er und Sean Penn sich als Nonnen verkleiden. Er ist immer Robert De Niro, aber er lebt als Corleone, als Max Cady. Ich habe als Bobby Digital gelebt.

Wie ein Superheld hatte ich zwei Identitäten. Wer mich auf einer Party erlebte, hielt mich für einen Partylöwen. Aber am nächsten Morgen war ich wieder auf den Beinen und lernte. Ich las Rumi, den persischen Dichter und Gelehrten, ich las die Philosophien von Marcus Garvey, die Bücher der »Drei Eingeweihten« – die Prinzipien der Geistigkeit, der Analogie, der Schwingung, der Polarität, des Rhythmus –, lernte über Genetik – *Die Doppelhelix, Die Matrix*. Ich hing im Ghetto in South Central Los Angeles ab, paffte Gras und rauchte Angel-Dust-Zigaretten, nahm Pilze, chillte mit den Black Knights, zu denen zwei Bloods und zwei Crips gehörten – Mitglieder zweier verfeindeter South-Central-Gangs. Ich brachte ihnen die *Mathematics* bei, machte sie aber auch mit meinem Lebenswandel vertraut – durch mich hindurch lebten sie das Leben eines Hip-Hop-Stars, hatten aber noch nicht mal eine Platte rausgebracht. Die Weisheit war rein, aber mein Handeln? Das war weniger rein.

Ich habe mich mit Gangmitgliedern getroffen und sie dann mit in meine Welt genommen – Partys in Hollywood, riesige Häuser in den Hügeln. Ich nahm die Black Knights mit nach Ohio und sorgte dafür, dass sie trainieren gingen, um sich in Form zu bringen; ich ließ sie lernen und bereitete sie darauf vor, die nächsten MCs für mich zu sein. Aber dann gingen wir nach New York und wohnten einen Monat lang im Trump Tower, den ich als meine Bleibe nutzte, während ich das Album *RZA As Bobby Digital* aufnahm. Es hat mich 100 000 Dollar gekostet, diese *niggas* dort wohnen zu lassen, und weitere hundert Riesen gingen für mich drauf – und dann musste ich noch zerschlagene Möbel und einen ruinierten Teppich zahlen. Wir hingen auf der Treppe des Plaza ab, direkt am Central Park, und beobachteten, wie Patti LaBelle ins Hotel ging, während wir Starkbier aus Literflaschen tranken und uns die Schädel breit rauchten.

Man stelle sich das mal vor. Gerade noch hängst du mit Gangmitgliedern in South Central herum und rauchst Gras. Und im nächsten Moment bist du unterwegs nach London, wo du im Haus von Richard Branson absteigst. Eben noch läufst du die Straße entlang wie ein ganz normaler Dude. Im nächsten Moment kurvst du in einem 300 000 Dollar teuren, kugelsicheren Chevy Suburban durch die Gegend und lässt die Sirenen aufheulen, als wärst du ein Cop. Gestern noch warst du zu Hause in New Jersey und hast mit deiner Familie zu Abend gegessen – eine Familie, die ich versucht habe zusammenzuhalten. Heute schon bist du in LA, wo du dich in der Präsidentensuite des Chateau Marmont einquartierst. Du hast kiloweise Gras dabei, flaschenweise flüssiges PCP, und du willst gerade mit fünf Mädels in einen Club ziehen. Sie alle sind dein, Baby, und zwei von ihnen sind Schwestern – und damit meine ich nicht, dass es schwarze Ladys sind, nein, ich meine Geschwister. Später suchst du dir eine aus, mit der du in die Kiste steigst. Es ist ein Doppelleben. Tagsüber mit Ex-Häftlingen aus Staten Island abhängen, abends mit John Lennons Sohn Sean bei CNN auftreten.

Tatsächlich hat Seans Vater selbst eine ähnliche Phase durchgemacht – nachdem die Beatles sich getrennt hatten und seine Ehe in der Krise steckte. John reiste nach LA und tickte aus – soff, nahm Drogen, zog durch die Clubs und rastete aus. Die Beatles waren noch nicht einmal rechtsgültig aufgelöst – er stand völlig neben sich. Ich weiß, wie sich das anfühlt, und ich weiß auch, dass eine Menge Leute solche Phasen geistig nicht unbeschadet überstehen – sie verlieren den Verstand, enden als Drogensüchtige, geraten außer Kontrolle.

Ich hatte keine Angst davor, denn ich fühlte mich frei – frei, eine Rolle zu spielen, Spaß zu haben, nachzuholen, was ich verpasst hatte. Aber es hat mich was gekostet. Die ganze Zeit habe ich mich bemüht, RZA von Bobby fernzuhalten und die beiden als getrennte Einheiten zu betrachten, aber nach all den Partys und dem ganzen Scheiß war mir eines klar geworden. Obwohl ich das Album als Bobby Digital aufgenommen hatte, hatte ich den Vertrag als RZA abgeschlossen, weshalb der Name der Plattenfirma gehörte. Ich war nicht glücklich darüber. Ich war der Meinung, dass der Name zu mir und meiner Familie gehört – dass RZA niemandes Eigentum sein sollte.

Also bin ich hin und habe den Namen zurückgekauft; es hat mich etwa 1,2 Millionen Dollar gekostet. Ich hatte das

Gefühl, es tun zu müssen. Bobby war eine Möglichkeit für mich, zu erzählen, wie ich im Alter von 19 Jahren war, als ich *bitches* fickte und es liebte, mit Knarren zu hantieren. Als RZA wollte ich mein Album *The Cure* aufnehmen und ein rechtschaffenes Leben führen. Bobby Digital war jemand, der gefangen war zwischen Gut und Böse. So sah ich das damals – dass mir mit all dem Geld, all dem Wissen und der Weisheit niemand erzählen konnte, dass ich etwas falsch machen würde, weil ich es ja erklären konnte. Ich verfügte über diese ganze kreative Freiheit, und ich ließ sie einfach von der Leine – wie ein *motherfucker* ließ ich sie von der Leine. Aber dafür zahlt man einen Preis. Und in meinem Fall lag dieser Preis erheblich höher als die erwähnten 1,2 Millionen Dollar.

Ich hatte gelebt wie ein Superheld, war als Bobby Digital völlig ausgetickt – ein Meister des Universums. Zu Beginn des neuen Jahrtausends erhielt ich dann meine erste Lektion aus dieser Phase. Am 9. Januar verstarb meine Mutter.

Ghostface und ich posierten gerade für das Titelbild des Hip-Hop-Magazins *The Source*. Da erreichte mich der Anruf. Meine Mutter war soeben an einem Schlaganfall gestorben, verursacht durch zu hohen Blutdruck. An diesem Tag, am 9. Januar 2000, habe ich meine Superkräfte verloren.

In *Spider-Man* haben sie es auf den Punkt gebracht: »Aus großer Kraft folgt große Verantwortung.« Als Peter Parker zum ersten Mal seine Kräfte erhielt, war er ein selbstsüchtiger Egomane; er scheiterte daran, das Richtige zu tun. Es war ihm scheißegal – er war der Held, prügelte sich mit Dummköpfen und zettelte Streit an. Ein Krimineller rannte an ihm vorbei und er rührte keinen Finger, um ihn aufzuhalten – und dann wurde sein Onkel von diesem Gangster getötet. Peter Parker musste den Rest seines Lebens ohne seinen Onkel klarkommen. So habe ich mich auch gefühlt, als meine Mutter starb.

Ich erinnere mich an eine ganz bestimmte Anweisung, die sie mir gab: »Zeuge niemals Kinder außerhalb deines Hauses, wenn du nicht bei deiner Frau bist.« Stattdessen zeugte ich Kinder mit vier verschiedenen Frauen. Das geschah als Bobby. Ich bin losgezogen und habe meine Energie und mein Geld in Dinge gesteckt, die weder mich noch meine Leute oder meine Familie bereicherten.

Ich hatte immer gewusst, dass das Jahr 2000 große Veränderungen mit sich bringen würde, aber ich war davon ausgegangen, dass es eine Veränderung im Universum sein würde – ich habe sogar Lebensmittel und anderen Kram gekauft, um vorbereitet zu sein. Ich hatte nicht geahnt, dass die Veränderung persönlicher Natur sein würde. Die Welt hatte sich überhaupt nicht verändert, aber in meinem Leben änderte sich alles. In der Five Percent Nation nennen wir unsere Mutter unsere »Alte Erde«. Und dass ich meine verloren habe – das hat mich wieder zurück auf die Erde geholt.

Ich erinnere mich, wie ich aufstand, um bei der Beerdigung zu sprechen, und ich war überrascht, wie viel Freude ich damals empfand, als ich an unser gemeinsames Leben zurückdachte. Ich erinnerte mich an die Abende, an denen wir jemanden um vier Dollar bitten mussten, damit wir uns Maisgrütze machen konnten. An den Abend, an dem sie mich und ein Fleischermesser packte, um die Teenager zu suchen, die mich überfallen hatten. An die Soul-Platten, die sie auflegte – »Good Times« von Chic, »Bounce, Rock, Skate, Roll«, The O'Jays, »Street Life«, Stephanie Mills. Dann dachte ich daran, was für eine Auswirkung eine Person wie sie auf die Welt haben kann.

In den Lehren sagen sie dir, dass du dich nicht tätowieren oder piercen lassen sollst – dass du deinen Körper nicht entstellen sollst –, aber eine Tätowierung habe ich: das Wu-Tang-Logo auf meinem linken Arm. Ich hatte das Gefühl, meinen linken Arm für die Sache gegeben zu haben. Seither habe ich diese Tattoos tausendfach gesehen, wenn nicht zehntausendfach. Deshalb sagte ich bei der Beerdigung, dass meine Mutter nicht nur eine Familie gebar, nein, sie gebar eine ganze Nation. Durch ihre Kinder fanden Millionen Inspiration – sich Tattoos auf den Arm stechen zu lassen, Musik zu machen, Bücher zu schreiben, Filme zu machen –, sie gebar eine Nation.

Aber Gott selbst gebar sie nicht. Mein Leben hatte bis dahin darin bestanden, Dinge geschehen zu lassen, den ganzen Scheiß am Laufen zu halten. Mit dem Tod meiner Mutter spürte ich, dass Gott mir etwas sagen wollte: »Nicht alles unterliegt deiner Kontrolle.« Das hatten wir sogar in den Lehren gelernt: Deine eigene Chiffre ist alles, was du kontrollierst. In einer Lehre heißt es G-O-D: »G« steht für *God*, »O« steht für *Cipher*, »D« steht für *Divine* – Gottes Chiffre (oder Kreis) ist göttlich. In der Nation of Gods and Earths bezeichnen wir uns selbst als Götter, aber das bedeutet in Wirklichkeit, dass wir die Götter *unserer* eigenen Chiffren sind, und deine erste Chiffre ist erstens dein physischer Körper, an zweiter Stelle deine Familie und dein Zuhause. Wenn jemand in deine Chiffre eintritt und sich deinem Willen unterwirft, wenn jemand deiner Crew beitritt und sich deiner Führung unterwirft, dann kann die göttliche Vereinigung funktionieren. Aber du darfst nicht vergessen, dass du nur deine eigene Chiffre kontrollierst. Nur Gottes Chiffre ist göttlich.

Du lernst dazu, du wirst geübter, du erlangst mehr Weisheit und Erleuchtung, und womöglich beginnst du zu glauben, dass du Gott selbst bist. Das ist so, weil etwas Wahrheit darin steckt. Wollte man Gott mit einem Ozean vergleichen, könnte man sagen, dass jeder von uns einen Wassertropfen in sich trägt. Einerseits ist der Wassertropfen nicht der Ozean. Er ist nur ein Wassertropfen. Er hat nicht das Ausmaß des Ozeans selbst. Aber andererseits kannst du in diesem einen Wassertropfen die unermessliche Weite, das ganze Ausmaß des Ozeans erkennen. In diesem Sinne also *bist* du der Ozean.

Das digitale Leben ist Beweis dafür. Aus einem Bit eines digitalen Bildes oder Songs kann man das ganze Ding reproduzieren. Das Gleiche gilt für die DNA. Aus einem DNA-Strang kann man den ganzen Organismus klonen. Das Gleiche gilt für Gott. Durch diesen einen Tropfen Wasser in uns sind wir gewissermaßen der Ozean. Aber niemals dürfen wir die Kraft des Ozeans selbst übersehen. Aufgrund unserer physischen Körper gibt es einen Anfang und ein Ende für das, was wir tun. Gott ist ewig. Du wirst zu ihm zurückkehren, nicht er zu dir. Alles Wasser dieser Welt kehrt zum Ozean zurück – es wird in den Himmel hinaufgezogen und kehrt zum Meer zurück. Rumi hat es treffend ausgedrückt: »Damit du zum Ozean werden kannst, musst du ertrinken.« Wenn du schwimmst, bist du nicht wirklich der Ozean.

Der Tod meiner Mutter hat mir diese Wahrheit offenbart. Ich kam ins Krankenhaus, sah sie dort liegen und versuchte, das Leben wieder in ihren Körper einzuhauchen. Es gelang mir nicht. Dann hielt ich inne. Ich dachte: *Was glaubst du denn, wer du verdammt noch mal bist?* Und dann habe ich es gefühlt: Ich weiß, dass ich etwas Besonderes bin, aber *so* besonders bin ich nicht. Ich bin nicht Er, der weise Prophet, von dem wir in der Bibel lesen (Jesus). Das war der Moment in meinem Leben, ab dem ich willens war, mich selbst in diesem Ozean zu ertränken, mich Allahs Willen zu unterwerfen. In diesem Moment verließen mich meine Superkräfte. Bobby Digital war nicht länger real.

In diesem Jahr 2000 lernte ich, wie teuer Superkräfte einen zu stehen kommen – was man verliert, wenn man seinem Ego oder seinem Alter Ego die Zügel überlässt. Aber diese Lehre hielt noch einen zweiten Teil parat. Der kam ein paar Jahre danach, und er war tödlich.

Bobby Digital war ein Alter Ego, aber letzten Endes war er nur ein Spiel. Ich habe dieses Spiel definitiv bis zum Äußersten getrieben. Ich habe es so weit getrieben, dass ich drauf und dran war, nachts eine Art Green-Hornet-Scheiße abzuziehen: Ich ließ mir einen Anzug anfertigen wie den des Dark Knight, des Batman – .45er-Kugeln und Messer konnten ihm nichts anhaben –, und ich hatte meinen Chevy Suburban, den ich den »Black Tank« nannte, so aufgerüstet, dass er gegen AK-47s und Sprengkörper geschützt war – ein Auto, das den Sicherheitsstandards der Regierung entsprach. Ich hatte sogar einen Butler, der beinahe bereit war, den Kato für mich zu geben.

Ich habe Hunderttausende von Dollar ausgegeben, um diese Figur zu spielen, aber letztendlich ging es nur darum, Spaß zu haben; ich wollte eine Hip-Hop-Vergangenheit neu erleben, die in den Hintergrund geraten war, als ich zu RZA wurde. Bobby Digital war jemand, den ich erschaffen habe, um dem Druck zu entkommen, den es mit sich brachte, RZA zu sein. Er war jemand, der rappen, schauspielern und sich sogar so kleiden konnte, wie RZA es nicht konnte. Er war das Kind in RZA. Ein Alter Ego, das nicht über mich verfügte. Mein Cousin hatte da nicht so viel Glück. Der Junge, den ich als Russell kannte, der Mann, den ich als Ason Unique kannte, der Künstler, den ich ermutigt hatte, Ol' Dirty Bastard zu werden, ODB – sein Alter Ego verzehrte ihn, nahm ihm das Kind, nahm ihn uns allen weg. Und wir standen einfach nur daneben und haben dabei zugesehen.

Niemals werde ich den Tag vergessen, an dem es geschah: Es war der 13. November 2004. Ich war mit ODB in meinem Studio, den *36 Chambers,* auf der 34th Street in Manhattan. Ich hatte ihn dorthin gebracht, um ihn von den anderen Leuten fortzukriegen, die ihn umgaben. Gerade erst am Abend zuvor hatte er das größte Wu-Tang-Konzert verpasst, in den Meadowlands. Clear Channel hatte uns gesagt, dass sie – sollte es der komplette Clan schaffen – jedem von uns die Chance geben würden, zweihundertzwanzig Riesen zu machen. Es wäre nur eine Sache von zwei Wochen gewesen, und ODB hätte anschließend eine Viertelmillion in der Tasche gehabt – für zwei Nächte Arbeit. Er schaffte es nicht. Er ließ sich von Leuten ablenken, die ihn einen Gig für siebentausend Dollar spielen ließen, dann noch einen für fünftausend – was immer möglich war, um die Löcher in seinen Taschen mit ein klein wenig Geld zu stopfen, damit er mit einem Haufen *niggas* rumhängen konnte, denen es nur darum ging, dass er high war und ihnen Drogen besorgte.

An jenem Nachmittag wollte ich ihn gerade allein lassen, um MTV ein Interview zu geben. Ich ging zu ihm, um »Peace« zu sagen, und ich fragte ihn: »Alles okay mit dir, God?« Mir entging nicht, dass er gerade ziemlich freidrehte, er war seit Tagen auf Drogen unterwegs. Das war nichts allzu Neues, aber diesmal spürte ich, dass es ihm irgendwie schlechter ging als sonst. Dann tat er etwas, das mir das Gefühl gab, er würde die Grenzen desjenigen übertreten, der er war und den Allah ihn zu sein bestimmt hatte – und dass er darin seinem Wesen gegenüber wirklich respektlos war.

Mir ist nur vage verständlich, warum er tat, was er tat, aber er hatte seinen Sohn mitgebracht, und ließ ihn dabei zusehen, wie er, ODB, seine Drogen konsumierte. Sein Sohn stand auf und wollte gehen, aber ODB packte ihn und sagte: »Nein, Mann. Du setzt dich verdammt noch mal hierhin.« Und ich dann so: »Yo, ich bin raus.« Und er packte mich mit diesem Griff – ich hätte es merken sollen; es war der Griff von jemandem, der untergeht – und sagte: »Du gehst hier auch nirgendwohin.«

Sein Sohn und ich saßen also da, und er rauchte seine Drogen, und ich spürte, dass eine Kränkung von ihm ausging. Er kränkte mich, ich glaube, dass er seinen Sohn kränkte, und er kränkte sich selbst. Das hatte ich bei ihm so noch nicht erlebt. Dann zeigte er mir etwas, von dem ich bete, dass ich es selbst nie fühle, und ich bete, dass niemand es jemals fühlen muss. Er zeigte mir, dass er seine Vision verloren hatte – und jedes Verständnis dafür, wer er war.

Dieser Mann war ein Wissenschaftler, ein Mann mit Vision. Keine Frage, der Mann, der zu ODB wurde, Ason Unique, mein Cousin, war ein Wissenschaftler und ein kleiner Prophet. Dieser Mann konnte dir alles erklären, einfach aus dem Bauch heraus. Er hatte ein angeborenes Verständnis für die Welt um ihn herum. Die Leute wissen das vielleicht nicht, weil er so eine skandalöse Rolle gespielt hat, aber ODB war ein Visionär. Doch er zersetzte sich, er verlor seine Vision. Man kann sagen, dass seine Bobby-Digital-Phase sein ganzes Leben übernommen hatte – sie zerstörte den Mann namens Ason, den Jungen namens Rusty.

Von seinen Gefängnisaufenthalten, über all die Drogen, die er nahm, bis hin zu all dem Stress, den er mit seiner Familie durchmachte – all das hat ihm seine Vision genommen. Und an diesem Abend saß er da, blickte mir in die Augen und sagte: »RZA, ich verstehe nicht.«

Das hat mich erschüttert. Ich sagte: »Was verstehst du nicht? Es ist ganz einfach, God.«

Er sagte: »Nee, ich verstehe nicht.«

Ich sagte: »G, du *musst* verstehen. Es ist real. Es ist ewig. Es ist in dir. Es ist da.«

Und er sagte: »Ich verstehe nicht.«

Und genau da, als er das sagte, da wusste ich, dass wir ihn verloren hatten. Acht Stunden später war ODB von uns gegangen.

Er hat uns zwei Lektionen hinterlassen.

Die erste sollte niemand je vergessen: Wenn ihr den Weg der Weisheit, des Wissens, des Lebens betretet, dann lasst euch nicht von diesem Weg abbringen.

Jesus sagt: »Gehet ein durch die enge Pforte! Denn die Pforte ist weit, und der Weg ist breit, der zur Verdammnis abführet; und ihrer sind viel, die darauf wandeln.« Der breite Weg – er ist überall um dich herum, es ist leicht, ihn zu nehmen, und viele Menschen werden dich ihn entlangzerren wollen. Finde aber den schmalen Weg, den Tunnel des Lebens – mit nach vorn gerichtetem Blick. Und wenn du auf diesem Weg gehst, dann bleibe auf ihm. Dass ODB in seinen letzten Momenten sagte: »Ich verstehe nicht«, das ist es, was mich sagen lässt, dass ich das *niemals* selbst fühlen möchte. Ich will immer verstehen. Immer möchte ich Vertrauen haben. Aber der Glaube kann dich verlassen, wenn du ihn nicht praktizierst, wenn du dich nicht darin übst – wenn du zulässt, dass er in dir stirbt. Praktiziere deinen Glauben.

Die zweite Lektion, die ODB uns hinterlassen hat, ist nicht weniger wichtig. Sie handelt von Freiheit und von deiner

Chiffre – von deinem Umfeld, deiner Familie und den Menschen, die du liebst.

Der Tod hat viele Ursachen – Gewalt, Intrigen, Missbrauch –, aber eine der Hauptursachen, die wir übersehen, ist Vernachlässigung. Wir sagen: »Ach, er ist ein erwachsener Mann. Er kann trinken, was er will, rauchen, was er will, sagen, was er sagen will.« Aber Martin Luther King sagte, dass die Freiheit ihre eigenen Gesetze hat; sie ist nicht ohne eigene Prinzipien.

Es steht dir frei, über den Norden von New York nach Virginia zu reisen und dabei den Erdball zu umrunden. Du könntest es tun, müsstest aber einmal um die Welt reisen. Es steht dir frei, jemandem ins Gesicht zu schlagen. Die Freiheit dazu hast du. Aber dein Gegenüber hat die Freiheit, zurückzuschlagen. Das ist Gerechtigkeit.

Ich erinnere mich, darüber nachgedacht zu haben, nachdem ich die vierte Lehre der Zwölf Edelsteine gelernt hatte: Freiheit. Freiheit hat ein Gesetz, und das ist die Gerechtigkeit. Aber ich glaube nicht, dass ich das wirklich verstanden habe – bis wir ODB verloren haben. Gleichheit ist die Verantwortung, die jeder Mensch gegenüber jedem anderen Menschen hat. Wenn man wirklich Gleichheit, Freiheit und Gerechtigkeit für alle will, muss man in der Lage sein zu sagen: »Yo, Junge. Du trinkst zu viel. Du hast die Freiheit, zu tun, was du willst, aber es wird dich umbringen.«

Mein Cousin ODB ist gestorben, weil wir ihm nicht genug Aufmerksamkeit geschenkt haben. Wir haben ihn machen lassen, was zur Hölle auch immer er machen wollte. Heute sage ich meinen Freunden: »Zögert nie, mich aufzuhalten, wenn ich Mist baue. Wenn ich ein Arschloch bin, sagt es mir, bitte.« Das muss man tun, vor allem, wenn jemand zur Familie gehört. Vor allem, wenn es jemand ist, den du liebst.

Ich habe sogar schon Brüder auf der Straße zur Seite genommen und gesagt: »Yo, G., so wie du dich aufführst, respektierst du uns alle nicht, Mann. In deren Augen sind wir schon Nigger, und du bestätigst das noch.« Sogar im Kino, wenn die Brüder sich mitreißen lassen und die Leinwand anschreien. Ich weiß, dass das für einige in unserer Community nur ein Witz ist, aber es ist nicht richtig. Ich meine, klar, es ist ein Film – wenn er dich zum Lachen bringt, dann lache; wenn er dich mitreißt, dann lass dich mitreißen. Aber hab' ein wenig Respekt vor dir selbst und den anderen Zuschauern.

Meine Rede bei Dirtys Beerdigung war anders als die, die ich bei der Beisetzung meiner Mutter gehalten habe. Sie war nicht fröhlich. Ich habe jedem in meiner Familie Vorwürfe gemacht, auch mir selbst. Ich sagte, dass wir alle dagesessen und zugelassen haben, dass ein *motherfucker*, den wir liebten, litt, ohne dass wir ihm geholfen haben. Wir ließen diese Negativität zu, obwohl wir wussten, dass das falsch war – weil wir seine Gefühle nicht verletzen wollten. Jetzt leiden wir alle.

Es ist, wie sie in der Bürgerrechtsbewegung sagten: Wenn ein Mann einen anderen vor zwanzig Männern lyncht, sind alle zwanzig Männer schuldig. Sie lassen es zu. Sie machen sich der Nachlässigkeit gegenüber der Gerechtigkeit schuldig. Man muss sich um andere kümmern. Es gibt überall jemanden, der das denen beibringen muss, die es nicht tun – und sei es nur durch sein eigenes Beispiel.

Es gibt einen Spruch auf einem Stück Papier, den ich so auch meinem Mädchen oder meinen Schülern weitergeben würde, ein Stück Papier, das ich habe, seit ich vierzehn Jahre alt bin. Die Überschrift lautet »Reife«, und definiert wird dieses Wort als »die Fähigkeit, zu ändern, was geändert werden muss, hinzunehmen, was sich nicht ändern lässt, und den Unterschied zwischen beidem zu kennen«. Derselbe Gedanke taucht in unterschiedlichen Quellen auf. Er findet sich sogar in einem Kinderreim: »Gegen jedes Leiden auf dieser Welt / Gibt es ein Mittel, wenn's nicht daran fehlt / Wenn es eines gibt, versuch' es aufzutreiben / Gibt's aber keines, dann lasse es bleiben.« Es findet sich auch im sogenannten Gelassenheitsgebet, das dem Heiligen Franz von Assisi zugeschrieben wird: »Gott, gib mir die Gelassenheit, Dinge hinzunehmen, die ich nicht ändern kann, den Mut, Dinge zu ändern, die ich ändern kann, und die Weisheit, das eine vom anderen zu unterscheiden.« Und auch hier gilt: Wissen ist, zu wissen, doch Weisheit ist, zu handeln; handeln nach dem, was man weiß, den Menschen direkt vor deiner verdammten Nase untergehen zu sehen – und einzuschreiten.

Der Tod meiner Mutter hat mir etwas entrissen, das nicht mehr zurückkommt. Aber er zwang meinen Verstand und mein Herz, sich zu erinnern, zu akzeptieren, was ich nicht ändern kann, und die Freiheit zu erlangen, die damit einhergeht. Doch ODB lehrte mich – lehrte uns alle – die Kehrseite dessen. Wenn wir andere aus überheblicher Weisheit, vorgetäuschtem Respekt und falschem Wissen vernachlässigen, dann reden wir uns ein, dass es *ihr* Leben ist; wir sagen uns, dass es nicht unsere Verantwortung ist; wir wollen uns nicht einmischen. Drauf geschissen. Misch dich ein. Oder wir alle werden den Schmerz spüren.

SEELE

EINE MEDITATION

Geist und Seele sind nicht dasselbe. Der Geist ist eine Vorstellung, ein Potenzial – er ist das Feuer, bevor ein Streichholz angezündet wird. Die Seele ist ein Produkt Gottes. Wenn der Mensch eine mathematische, biochemische Gleichung ist, dann ist die Seele der Ausgangspunkt dieser Gleichung. Sie ist der Punkt im Yin oder im Yang. Die Seele ist jener göttliche Wassertropfen, der im Fleisch Ausdruck findet.

Drogen können Besitz von dir ergreifen,

aber dein Verstand kann das auch.

Lerne, ihn einzusetzen, ihn zu steuern.

Überlasse deinen Verstand

keinem Dämon.

DIGITALES GEHIRN

EINE PARABEL ÜBER DIE MENSCHLICHE INTELLIGENZ

Im Jahr 1996 besiegte ein von IBM entwickelter Schachcomputer mit dem Namen Deep Blue den Schachweltmeister Garri Kasparow. Deep Blue war ein Furcht einflößender Gegner, aber noch beängstigender schien die Idee dahinter – es war ein Computer, der den besten Schachspieler der Welt schlagen konnte. Doch auch wenn Kasparow die Matches nach Punkten verlor, konnte er dennoch einzelne Partien gegen Deep Blue gewinnen. Daraus lässt sich eine Lehre ziehen: Der Denkprozess eines Menschen kann den mathematischen Berechnungen eines riesigen Computers überlegen sein – denn die Zufälligkeit des menschlichen Geistes ist unberechenbar.

Ich glaube, ein Computer kann nicht einmal zehn Prozent dessen verarbeiten, was das menschliche Gehirn verarbeiten kann. Jetzt gerade, in diesem Augenblick, lässt das Gehirn den verrücktesten Scheiß in deinem Körper passieren. Die Arbeit jeder einzelnen Zelle deines Körpers, ja sogar die Duplizierung einer einzigen dieser Zellen – einer Blutzelle, einer Hautzelle, einer Gehirnzelle –, den Blutkreislauf anzuheizen, und all das jeden Tag aufs Neue: Es ist Wahnsinn, was das Gehirn alles leisten muss. Der Mensch ist überragend.

Nichtsdestotrotz holen die Computer auf. Und deshalb ist es mein Eindruck, dass der Mensch digital werden muss. So wie sich das mit den Computern und der Technologie entwickelt, können wir nicht zulassen, dass wir uns komplett davon abhängig machen. Wir müssen auch imstande sein, eine Vorstellung von Digitalität in uns selbst zu entwickeln, um immer Herr der Computer zu bleiben.

Der Mensch muss sich seine eigene Unberechenbarkeit mit der nötigen Weisheit zunutze machen. Derzeit nutzt der Mensch seine Weisheit nicht immer. Er überlässt das den Computern. Und wenn ein Computer einen Menschen logisch übertrumpfen kann, dann ist das eine beängstigende Entwicklung. Ich habe von einigen Schachmeistern gelesen, die sagen, dass sie selten genutzte Bauernzüge anwenden, die unlogisch erscheinen mögen, aber den Computer komplett verwirren, um ihn schließlich auf diese Weise zu besiegen. Ich glaube, das ist der richtige Weg. Wir müssen eine Logik finden und zur Anwendung bringen, die nicht programmierbar ist.

DIGITALE KULTUR

KUNST IM ZEITALTER DER EINSEN UND NULLEN

Wenn du heutzutage etwas Witziges oder Kluges sagst, wird dir jemand sagen: »Oh ja, wo hast du das her?« Und du antwortest: »Das stammt von mir, du Arsch.« Sampling und Cutting, Copy and Paste, Zitate und Querverweise – die digitale Kultur ist inzwischen so tief in die Menschen eingedrungen, dass wir vergessen, dass es so etwas wie Originalität gibt. Viele Leute trauen einem neuen Sound oder einer neuen Idee nicht, wenn sie nicht wissen, wo es herkommt.

Selbst ich habe mich schon gefragt: *Wozu noch Musik machen, wenn es alles schon gibt?* Ich habe sie vielleicht noch nicht entdeckt, aber tatsächlich ist sie bereits hier. Von Anfang an waren da diese zwölf Töne. Die Kombinationsmöglichkeiten mögen beinahe endlos sein, aber alles fußt auf derselben begrenzten Grundlage. Ob nun Sample oder nicht, es geht um die Wiederholung.

Ich sehe in den kulturellen Auswirkungen des Samplings nichts grundlegend Schlechtes, ganz und gar nicht. Aber gerade dann, wenn die Möglichkeiten vielfältiger sein sollten, taucht eine Kraft auf, die dem entgegenwirkt und die Dinge einschränkt. Ich habe neulich ein paar Vinylscheiben angehört. Ich hatte mir den Song »Wildflower« von New Birth gekauft und auch das MP3 dazu runtergeladen. Es ist echt der Wahnsinn, sich beide Versionen direkt nacheinander anzuhören. Sie klingen fast komplett unterschiedlich, auch wenn es derselbe Song ist, dieselbe Aufnahme, derselbe Mix und alles. Der Klang des MP3 ist reduziert, vereinfacht, verloren. Es ist, als würde die Generation von heute nur mit einem Ohr hinhören.

Es ist eine Art, das Leben einfacher zu gestalten – und manchmal hat man gute Gründe, das tun zu müssen –, aber wenn man es damit übertreibt, kommt einem die Wirklichkeit abhanden. Man riskiert, sich selbst zu verlieren. Ich glaube, dass das, wofür digitale Bild- und Tonformate stehen, prophetisch ist für unsere Kultur. Mit hochauflösenden Fernsehern, Kabelfernsehen und allem, was dazugehört, schärfen wir unsere Sicht immer mehr. Aber mit der Reduzierung der Musik auf MP3s wird der Klang – zumindest nach dem technischen Standard, der heute üblich ist – kleiner, schlichter, stumpfer. Was das für uns bedeutet? Wir gewöhnen uns an ein besseres Bild und einen schlechteren Ton.

Das erinnert mich an den alten Film *Running Man*, in dem Fernsehproduzenten und die Regierung zusammenarbeiten, um eine Nachrichtenmeldung so zu bearbeiten, dass es aussieht, als sei der heldenhafte Retter in Wirklichkeit ein Mörder. Als das Fernsehen digital wurde, haben wir in gewisser Weise den Bezug zur Realität verloren. Heute können wir uns nie sicher sein, ob das, was wir sehen, echt ist oder ob es verändert wurde, bevor man es an uns übermittelt hat. Die digitale Kultur hat uns von der Wahrheit einen Schritt entfernt.

DIGITALE DSCHINN

EINE GESCHICHTE ZUR WARNUNG

Man sagt, dass LSD ein Bewusstsein dafür wecken kann, wie man mit Gott und sich selbst verbunden ist. PCP kann das meiner Ansicht nach auch. Das Einzige, was ich dabei für gefährlich halte, ist – wie bei jeder Droge – Folgendes: Der Körper ist ein Vehikel für den Geist, ein Gefährt; und wenn er das ist, kann jeder das Steuer übernehmen. Also pass auf, was für ein Zeug in dich hineingerät. Du könntest einen Geist einlassen, der nicht du selbst bist – wie wenn du einen *nigga* siehst und weißt, dass dieser *nigga* nicht mehr derselbe ist.

Der Geist des Feuers existiert in der Luft – er muss nur verbrannt werden. Genauso bin ich davon überzeugt, dass wir bestimmte Geister kraft unseres *Willens* ins Leben rufen. Ich weiß das, weil ich auf PCP eine Erfahrung gemacht habe, bei der ich wahrhaftig von einem Dämon besessen war.

Das war vor vielen Jahren, in Kalifornien. Ein Digi ist ein in flüssiges PCP getränkter Joint, was weniger gefährlich ist, aber dieses Mal hatte ich das PCP *ohne* Gras konsumiert. PCP ist ein sehr starkes Zeug. Alles, woran ich mich erinnere, ist, dass ich um mein Leben kämpfte. Es fühlte sich an, als wären fünfzig Leute auf mir – ich sah sie, spürte sie. Dabei war außer mir nur noch mein Bruder Freedom anwesend. Er litt einen Monat lang unter Schmerzen.

Der Koran spricht von übernatürlichen Wesen, die *Dschinn* genannt werden – das Wort »Genie« leitet sich davon ab. Dschinn sind Geister mit einem eigenen Willen. Sie sind weniger intelligent als ein Mensch, verfügen aber über größere körperliche Kraft. Einige sind gut, andere böse. Ich glaube, was mir an jenem Tag passierte, war Folgendes: Ich trat aus meinem Verstandesraum hinein in diese halluzinierte Welt, und ich ließ etwas in meinen Gedankenraum hinein – einen Dschinn, möglicherweise. Meine Stimme sei nicht mehr dieselbe gewesen, heißt es. Ich war besessen.

DER VERSTAND DES NOVIZEN

EIN LEITFADEN ZUR KREATIVEN WIEDERBELEBUNG

Als ich anfing, Musik zu machen, hatte ich keine Ahnung vom Musikmachen. Ich hatte keine Ahnung von Musiktheorie, ich wusste nicht, wo auf dem Klavier das C zu finden ist. Seither habe ich Musik studiert. Ich habe für Hollywood Soundtracks komponiert, ich habe Musik für achtzigköpfige Orchester geschrieben. Aber kaum dass ich 1997 mit dem Lernen angefangen hatte, änderte sich etwas in mir. Ich nutzte mein neues Wissen, um *Wu-Tang Forever* zu schreiben, das von der Kritik jedoch nicht sonderlich gelobt wurde. Was sagt uns das? Mir sagt es, dass man den Novizen, den Anfänger in sich kultivieren sollte. Nimm jede Kammer als Novize in Angriff.

Es ist wichtig, neue Dinge auszuprobieren, Dinge, von denen man nicht weiß, wie man sie macht. Beim Schach habe ich das Gefühl, dass ich vielleicht besser darin war, *bevor* ich angefangen habe, das Spiel zu studieren. Ich merke, dass das Lernen mir ein Muster gegeben hat. Bevor ich anfing zu lernen, hatte ich kein Muster – man wusste nie, was ich tun würde. Als ich kürzlich am Computer geübt habe, bin ich im Elo-Rating, einer Rangliste für Schachspieler, auf eine Wertungszahl von 1650 gekommen, das ist ziemlich gut. Das bedeutet, dass ich nur noch 350 mehr schaffen muss, um die Meisterstufe zu erreichen. Aber jemand gab mir den Rat, eine bestimmte Eröffnung zu lernen – ich studierte sie ein ganzes Jahr lang. Der Rat kam von Josh Waitzkin. Er ist Schachmeister, er sagte mir, ich solle diese Eröffnung lernen, und das tat ich ein Jahr lang. Aber plötzlich scheine ich mit dieser Eröffnung zu verlieren. Schlechte Gegner mache ich platt. Aber wenn jemand gut ist, dann muss ich mich mit dieser Eröffnung manchmal geschlagen geben.

Die Eröffnung heißt Königsindischer Angriff. Ich kenne sie auswendig. Ich habe sie gegen jemanden gespielt, der sich auf die sogenannte Sizilianische Verteidigung verlegt hatte. Sie geht so: 1) E4, Schwarz antwortet mit C5; 2) Weiß zieht D3, der Gegner zieht auf E6; 3) Weiß zieht mit Springer auf F3, der Gegner antwortet mit Springer auf C6; 4) Weiß zieht auf G3, der Gegner zieht auf G6; 5) Weiß zieht mit Läufer auf G2, der Gegner antwortet mit Läufer auf G7; 6) Weiß führt Rochade aus, der Gegner antwortet mit Springer auf F6; 7) Weiß zieht mit Springer auf D2, der Gegner führt Rochade aus; dann 8) Weiß zieht mit Turm auf E1.

Das ist die Stellung. Die von mir beschriebene Eröffnung ließe sich am besten gegen die Französische Verteidigung spielen, die von vielen Meistern verwendet wird. Aber die meisten Vereinsspieler spielen die Sizilianische, deshalb habe ich sie in diese Reihenfolge gebracht. Manchmal ist es klug, früh schon die Dame auf E2 zu spielen – ein Zug mit großer Schutzwirkung.

Zu viele Leute trudeln durchs Leben und tun nur das, was sie können. Ich widme mich immer wieder den Grundlagen.

Nachdem Wu-Tang einen Grammy gewonnen hatte, fing ich an, Musik strategisch zu studieren – ich lernte Theorie, lernte, wie man Noten liest, wie man Gitarre und Klavier spielt. Aber jetzt versuche ich, das, was ich weiß, wieder zu löschen, um mich zu verbessern. Ein neues Klavierbuch, das ich mir besorgt habe, ist ein Lernbuch für Anfänger, Stufe 1. Ein neues Schachbuch, das ich gerade lese, trägt den Titel *Meine erste Schacheröffnung*. Es richtet sich an Kinder.

KONKLUSION

LIEBE UND FREUDE

Es ist meine sehnlichste Hoffnung, dass mein ganzes Leben auf dieser Erde immer wieder Weinen und Lachen sein wird.

KHALIL GIBRAN

Oh, Mann, wie verabschiede ich mich?
Es sind immer die Guten, die sterben müssen ...
Nach dem Lachen kommen die Tränen.

Oh, man, how do I say good-bye?
It's always the good ones that have to die ...
After laughter comes tears.

WU-TANG CLAN, »TEARS«

Weisheit ist fließend. Sie bringt Flexibilität und Adaption. Sie befreit dich aus der Versklavung durch deine Vergangenheit und durch deine Leidenschaften. Die Weisheit der *Mathematics* gab den Göttern eine Art Balance – sie lehrte uns, wie man sich verhält, wenn um einen herum alles im Chaos versinkt. Die Weisheit des Qigong und des

Tai-Chi zeigt uns, wie man ein Gefäß für gewaltsame Kräfte sein kann. Dank dieser Weisheit erlebe ich Emotionen wie Wut inzwischen so, wie ich auch Sex erlebe – ich lasse sie ein und lasse sie wieder hinaus. Es ist wie ein Unwetter; es wird vorbeigehen. So bin ich jahrelang gewesen – die Leiden des Lebens berührten mich zwar, aber ich war nie länger als zwei, drei Stunden am Stück »verstimmt«. Das änderte sich im Jahr 2000, als ich anfing, Menschen zu verlieren, die ich liebte.

Wenn die Mutter stirbt, dauert es Jahre, bis man sich davon erholt hat. Und gerade als ich langsam anfing, ihren Verlust zu überwinden, starb Dirty. Als ich die beiden verlor, verlor ich auch etwas, das ich fast mein ganzes Leben lang gehabt hatte: meine Vision, meine Fähigkeit, in die Zukunft zu blicken. Als meine Mutter starb, wurde diese Vision abgeschnitten. Und 2004 begriff ich dann, dass sie wirklich verschwunden war.

Als meine Mutter die physische Welt verließ, verlor ich eine meiner wichtigsten Verbindungen zum Universum. Es heißt, dass man neben einer Nabelschnur auch eine Ätherschnur hat – eine unsichtbare Schnur, die einen mit der eigenen Seele, der Seele der Mutter und allen anderen Seelen verbindet. Wenn jemand stirbt, verliert man wirklich etwas. Es ist körperlich und geistig; es ist real. Ein Teil von dir stirbt.

2004 waren dann etliche Schnüre meines Lebens zerschnitten. Ich hatte meine Mom verloren, wir alle haben Dirty verloren, zu Hause hatte ich Beziehungsprobleme und ich hatte gerade die Geschäftsbeziehungen zu meiner Crew beendet: Ich gab alle Soloverträge der Wu-Tangs aus den Händen. Durch das Auflösen meiner Firma verlor ich einige Millionen Dollar, aber es kostete mich auch etwas, das mir noch mehr am Herzen lag. Es bedeutete eine physische und kreative Trennung des Wu-Tang Clan, was gewissermaßen auch eine Form des Todes war. Diese ganzen Trennungen beraubten mich meiner Sinngebung; es gab niemanden mehr, der meine Ambitionen anfachte – und ich fühlte mich tot und blind.

Jahrelang bin ich deprimiert gewesen. Ich habe nicht viel unternommen, habe nur wenige Leute gesehen, blieb meist daheim. Dann aber ging ich eines Abends aus.

Ich ging in einen Club. Es war stockdunkel in dem Lokal, und ich stand in den Schatten, sowohl körperlich als auch mental. Ich war nicht RZA, war nicht Bobby Digital, war keine Berühmtheit – ich war nur irgendein Typ, der da im Dunkeln stand. Und wie aus dem Nichts trafen meine Augen auf die Augen einer anderen Person, und – *ping!* – war ein Schalter umgelegt. An Ort und Stelle wurde der Funke des Lebens in mir wieder entfacht.

Ich war seit Monaten nicht mehr nachts unterwegs gewesen; diese Frau war seit einem Jahr nicht mehr ausgegangen. Und zufällig waren wir beide an diesem Abend ausgegangen, waren beide in diesen Club gegangen, zur selben Zeit. Ihr Name ist Talani Rabb, was im Koran und in einigen afrikanischen Sprachen »Ernährerin der Himmel« bedeutet. Und genau das war sie für mich. Das ist sie für mich – bis heute sind wir zusammen. Und ihretwegen kehrte meine Vision 2005 zu mir zurück.

Warum das so kam, weiß ich nicht, allerdings habe ich ein paar Theorien. In der Geschichte von Samson und Delila liegt Samsons Stärke in seinem Haar, und als er Delila dieses Geheimnis verrät, schneidet sie ihm die Haare ab. Er verliert seine Stärke *und* er erblindet – im wahrsten Sinne des Wortes: Die Philister blenden ihn. Doch im letzten Moment seines Lebens wird ihm seine Kraft zurückgegeben; er zerstört seine Peiniger und findet selbst Freiheit im Tod. Eine brutale Geschichte, aber sie enthält tiefgründige Wahrheit und Schönheit. Denn für mich ist es eine Geschichte über die Liebe.

Samson war blind, *weil* er stark war – weil er so mächtig war, war er eitel. Er war nicht demütig genug, um Gottes Gnade und Willen wirklich zu verstehen. Erst als er geblendet und wie ein Sklave, wie ein Hund behandelt wurde, konnte er die Gegenwart Gottes *wahrhaftig* sehen. Und mit dieser Vision wurde er stärker, als er es je zuvor war. Eine Frau brachte ihn zu Fall – die Liebe schwächte ihn –, aber diese Schwäche zeigte ihm eine tiefere Liebe, gab ihm wahre Weisheit. Wissen und Weisheit offenbarten die Liebe durch Verständnis.

In der bekanntesten Geschichte über König Salomon streiten sich zwei Frauen um ein Baby. Sie gehen zu Salomon, um den Streit zu schlichten. Salomon sagt ihnen, dass er das Baby in zwei Hälften schneiden wird, eine Hälfte für jede der Frauen. Diejenige, die nicht die Mutter ist, sagt: »Klar, gute Idee.« Doch die echte Mutter sagt: »Yo, behaltet das Baby.« Sie war bereit, auf ihr Mutterrecht dem Kind gegenüber zu verzichten, um dessen Leben zu retten.

Genau hier verwendet Salomon Weisheit, um Liebe zu offenbaren. Wenn Wissen (1) und Weisheit (2) zusammenkommen – ist das Liebe, der zwölfte Buchstabe. Das ist die Grundlage für das Verstehen. Wenn du Wissen und Weisheit hast, wirst du verstehen, was Liebe ist.

Viele Männer verstehen Frauen nicht, und viele Frauen verstehen Männer nicht. Und wer eine Beziehung ohne Wissen und Weisheit führt, der wird auf irgendeine Weise dominiert werden – es wird keine Gerechtigkeit geben. Um verstehen zu lernen, muss man sich selbst betrachten: Männer und Frauen sind einander näher, als man vielleicht glauben mag. Elijah Muhammad lehrte, dass drei Prozent des Mannes fehlen und sich in der Form der Frau wiederfinden. Dies bezieht sich auf die Erzählung der Genesis, in der Gott eine Rippe Adams nimmt, um daraus Eva zu formen. Adam, der ohne diese Rippe unvollständig ist, findet seine Vollendung erst in Eva. (In den frühen Tagen des Wu-Tang Clan nannten wir unsere Frauen unsere »Rippen«.) Körperlich sind Männer und Frauen gar nicht so verschieden – genetisch gesehen gibt es nur einen Unterschied von drei Prozent –, aber dieser Unterschied schafft eine der wirkmächtigsten Kräfte auf Erden. Und wenn man das Glück hat, diese »fehlende Rippe« im wirklichen Leben zu finden, diese sogenannte Seelenverwandtschaft, dann ist die Kraft, die aus dieser Harmonie heraus entsteht, grenzenlos.

Diese Kraft hat mir geholfen, meine Stärke wiederzuerlangen, aber nachdem sie das getan hatte, waren viele Dinge nicht mehr wie zuvor. Heute liebe ich meine Frau, aber ich brauche sie nicht mehr auf dieselbe Weise wie früher. Ich bleibe bei ihr, weil ich bei ihr bleiben will. Ich erinnere mich an den Moment, als ich ihr sagte: »Ich liebe dich, aber ich brauche dich nicht mehr.« Zuvor hatte ich ohne sie nicht leben können. Ich war so hinüber, dass ich es ohne sie nicht geschafft hätte. Aber durch ihre Gnade wurde ich ein Mensch, der wieder auf eigenen Beinen stehen konnte. Also sagte ich ihr: »Ich war jahrelang unglücklich, ich war wirklich verloren, und wenn du nicht gewesen wärst, wäre ich am Ende gewesen. Und dafür danke ich dir. Aber ich muss dir sagen, dass ich mich wiedergefunden habe und dass ich glücklich bin. Du könntest morgen gehen, und das wäre in Ordnung für mich. Bleibe nicht bei mir, um mir zu helfen. Bleibe, weil du es willst. Denn mir geht es jetzt gut.«

Ich weiß, dass man manchmal seine Stärke verliert, und dann scheint es, als käme sie niemals zurück. Aber wenn du es zulässt, dann wird diese Kraft sich regenerieren. Mich kümmert nicht, wer du bist: Wenn du dich darum bemühst, wenn du darauf wartest, wenn du die Gnade erfährst, diesen Tag zu erleben, wird sie zurückkehren. Im Jahr 2005 hat mein Geist einen Neustart gemacht. Die Ziffern der Jahreszahl 2005 ergeben in der Quersumme 7 – ein weiteres Gottesjahr –, und in diesem Jahr hatte ich das Gefühl, dass jemand *Reset* gedrückt hat und ich wieder zum Leben erwacht bin. Und ich glaube daran, dass dieselbe Kraft auch heute in der Welt lebendig ist. In diesem Augenblick – so, als seien wir alle bereit, dem Leben wieder zugeschaltet zu werden.

In gewisser Weise lassen wir uns selbst wieder auferstehen. In Überlieferungen wie dem Hadith heißt es: »Die erste Seele, die Allah schuf, war die Seele Mohammeds, und aus seiner Seele wurden alle anderen Seelen erschaffen.« Es heißt, dass seine Seele in einen Körper einfährt – wessen Körper es auch sein mag –, wenn sie gebraucht wird. Das ist wie bei Neo in *Matrix*, der durch seine bloße Existenz die ganze Menschheit befreit. Das ist wie bei Buddha, von dem es heißt, dass seine Seele Tausende von Jahren wartete, um geboren zu werden. Das sagt uns, dass Energie immer da ist und darauf wartet, geboren zu werden. Und wir Menschen bringen sie ins Sein – durch unseren Willen, unseren Schmerz, unsere Bedürfnisse. Wir rufen ins Leben, was wir brauchen – um in uns allen den Funken des Lebens wieder zu entzünden.

Ich glaube beispielsweise, dass wir Martin Luther King jr. ins Leben gerufen haben.

Vor vielen Jahren war ich ein Bruder unter vielen, die im Ghetto unter kriegerischen Zuständen aufgewachsen waren; wenn ich mich zwischen Martin Luther King und Malcolm X entscheiden musste, hielt ich mich immer an Malcolm. Aber als ich sechzehn war, hörte ich eine Rede von Martin Luther King. Er sprach über die chemische Zusammensetzung des Menschen. Er sagte, Wissenschaftler hätten den Menschen in seine Grundelemente zerlegt. Sie hätten herausgefunden, dass er genug Eisen hat, um daraus einen Penny zu machen, genug Zink, um ein paar Nägel zu machen, genug Fett, um ein bisschen Seife zu machen, und so weiter. Zusammengerechnet verfüge der menschliche Körper über Chemikalien im Wert von 28 Dollar. Es gibt demnach etwas, das dem Menschen innewohnt und seinen wahren Wert ausmacht, etwas, das über den physischen Körper hinausweist. Als ich diese Rede hörte, wurde mir klar, dass Martin Luther King jr. ein Wissenschaftler war, ein gesegneter Mann. Er hielt die »I Have a Dream«-Rede – die vielleicht großartigste Rede aller Zeiten –, als er vierunddreißig Jahre alt war und einen Rohstoff-Gegenwert von achtundzwanzig Dollar hatte. Sein Geist jedoch war unbezahlbar. Er starb fünf Jahre später, mit neununddreißig Jahren. Wir haben ihn ins Leben gerufen, weil wir ihn brauchten.

In gewisser Weise glaube ich, dass unsere Generation Barack Obama ins Leben gerufen hat. Dieser Moment wurde prophezeit. Sogar in den Lehren heißt es, dass der Welt ab 1934 eine Frist von siebzig Jahren eingeräumt worden sei, bis dann ein weltbewegender Wandel eintreten würde. Siebzig Jahre nach 1934 schrieben wir das Jahr 2004 – das Jahr, in dem Obama auf dem Parteitag der Demokraten seine erste Rede hielt. In dieser Rede bezog er sich auf seinen Namen Barack, der in der Sprache seines Vaters »Segen« bedeute. Und ich denke, er ist tatsächlich ein Segen für unser Land.

Man kann sich auch die Numerologie des Ganzen anschauen: Obama ist der 44. Präsident. 4 und 4 sind 8 –

und die Zahl Acht steht für Aufbau. Das war auch seine Botschaft an die Terroristen während seiner Rede vor dem Lincoln Memorial. »Ihr werdet weit eher danach beurteilt, was ihr aufbaut, als danach, was ihr zerstört.« Er ist für den Aufbau gekommen. Aber die Numerologie greift selbst dann, wenn man die Tatsache miteinbezieht, dass er – obwohl er als 44. Präsident den Amtseid ablegte – in Wirklichkeit erst der 43. Mann war, der dieses Amt innehatte, da Grover Cleveland zwei nicht aufeinanderfolgende Amtszeiten leistete. 4 und 3 ergibt 7 – wiederum die Gotteszahl, also. Und Obama gewann die Wahl an Lincolns 200. Geburtstag. Die 2 steht für Weisheit und die Null ist Chiffre – es ist Weisheit, die großen Wandel in der Welt herbeiführt. Ich glaube, dass Weisheit Amerika retten wird. Viele Jahre lang haben Menschen auf der ganzen Welt Raketen des Hasses auf uns gerichtet, und die Präsidentschaft Obamas hat bereits dazu beigetragen, das zu ändern. Man hat mich gefragt, was passiert, wenn er es als Präsident vermasselt, aber ich sage, dass Obama es nicht vermasseln kann. Er hat den Wandel bereits vollzogen, nur indem er gewählt wurde. Vor einem Jahrhundert glaubte der Mensch nicht, dass er fliegen könnte. Aber als die Gebrüder Wright erst mal sechs Meter vom Boden abgehoben und hundert Meter weit geflogen waren, hatte es sich damit. Das hat die ganze Welt inspiriert – so sehr, dass diese *motherfuckers* heute Shuttles ins All schießen. Und genau das hat Obama für uns als Amerikaner, als ein Volk, getan. Er hat die Fesseln unseres Verstandes gelöst. Er hat Möglichkeiten eröffnet.

Dies ist die Generation des Hip-Hops, und es ist eine Generation, die nun einen schwarzen Präsidenten hat. Für mich bedeutet das, dass es für uns alle an der Zeit ist, unseren Mann zu stehen. Wir sind keine Kinder mehr, keine Jungs. Es ist an der Zeit, den wahren Wert eines Mannes zu erkennen – ungeachtet seines Geldes, seiner Hautfarbe, seiner Chemie. Es ist an der Zeit zu erkennen, dass jeder Mensch denselben Wert hat, dass jeder von uns dasselbe Potenzial in sich trägt.

Da bekannt ist, dass ich ein Schüler der Five Percent bin, wissen die Leute auch, dass mir beigebracht wurde, dass der weiße Mann der Teufel ist. Aber ich glaube, die Menschen missverstehen die praktische Anwendung dieser Weisheit. Sie bezieht sich auf das, was Jesus über die Schwäche des Fleisches sagte. Ja, ich glaube, dass der weiße Mann eine Natur hat, mit der er zu kämpfen hat, und historisch gesehen war diese Natur aggressiv, gewalttätig, erobernd und anfällig für Teufeleien. Aber für mich gibt es dafür eine einfache Erklärung. Wenn man als Weißer erst vor ein paar Tausend Jahren auf einem viereinhalb Milliarden Jahre alten Planeten aufgetaucht ist, auf dem es Menschen gibt, die schon Millionen von Jahren länger da sind, dann ist man ein Baby. Man muss einfach nur erwachsen werden.

Ich würde also nicht kategorisch sagen, dass der weiße Mann ein Teufel ist, der schwarze Mann ein Gott, die Frau eine Erde. Ich würde sagen: Ja, diese Eigenschaften liegen in der Natur des weißen Mannes, aber jeder kann wählen, welche Natur er zum Ausdruck bringt. Gegen Ende unserer Lehren heißt es auch, dass jeder Mensch, der schwach und böse ist, ein Teufel ist. Das gilt für Schwarze, Braune, Rote, Gelbe oder Frauen. Wir alle müssen uns ändern. Nehmen wir zum Beispiel die Worte, die Reverend Joseph Lowery am Ende von Obamas Segensspruch sagte – den letzten Satz: »Es ist Zeit für die Weißen, das, was richtig ist, anzunehmen.« Yo, G, das ist eine kühne Ansage. Er sagt das an die Welt gerichtet – die ganze Welt schaut zu. Für mich ist das eine Herausforderung, die uns allen gilt.

Es wird immer Kräfte geben, die gegen den Wandel ankämpfen, die die Wiederauferstehung leugnen. Es gibt Leute, die sehen jemanden wie mich – jemanden, der mal ein Gangster gewesen ist, ein Outlaw, und der sich verändert hat –, und sie werden wütend. Sogar in meiner eigenen Crew haben wir eine Auseinandersetzung dieser Art. Raekwon fängt dann an, sich zu beschweren: »Ich möchte Musik machen, die den *niggas* in die Fresse schlägt, und RZA hängt auf diesem *Peace*-Scheiß fest.« Nee, Mann. Ich habe Frieden gefunden und teile ihn.

Ich *komme* aus dieser Ära des Hip-Hops – eine Ära, die von Gewalt und Attitüde geprägt war. Ich war einer der Gründungsväter bei diesem *shit*, weil das damals dem entsprach, was ich fühlte. Ich lehne diese Musik nicht ab. Aber gleichzeitig ist diese ganze aggressive, ignorante *nigga*-Ghetto-Scheiße nicht meine Natur. Sie war ein Produkt ihrer Zeit und meines Umfelds.

Der Mensch ist nach dem Bild Gottes geschaffen und existiert in diesem Sinne außerhalb seiner Geschichte. Gott ist kein *nigga*. Gott ist kein dummer Wichser. Gott ist ein Prinz. Ein Killer zu sein, ist in niemandes Natur angelegt. Ich glaube nicht einmal, dass Löwen von Natur aus Killer sind – eher, dass sie erst später Geschmack am Blut gefunden haben. Wenn man der Bibel Glauben schenkt und sich den Garten Eden anschaut, war dort jedes Tier zu finden. Sie haben alle gechillt – da gab es keinen Tod. Man muss annehmen, dass der Tod und das Töten von einer bösen Natur herrühren, die frei in der Welt herumläuft.

Natürlich sieht man diese Natur heute überall – manchmal bei Menschen, die vermeintlich im Auftrag Gottes handeln. Islamische Terroristen sind der Überzeugung, dass sie ihr Leben für Gott opfern – dass sie Gottes Willen tun. Aber wir sprechen hier von Bomben, die Märkte in die Luft jagen, von Flugzeugen, die in Gebäude gestürzt werden. Ist das das Werk Gottes oder das Werk von Menschen? Für mich ist das leicht zu beantworten. Diese Männer bringen nicht nur Tausende andere Menschen um, sie töten sich auch selbst. Der Prophet Mohammed sagt: »Wer immer sich mit einer Klinge tötet, wird mit dieser Klinge in den Feuern der Hölle gequält werden.« Gott will, dass du lebst. Wenn wir sonst nichts über Gott wissen, so wissen wir dies. Ich glaube tatsächlich nicht mal, dass Gott will, dass wir sterben.

Gegensätze stehen nicht immer in Partnerschaft zueinander. Sie sind nicht immer wie Yin und Yang, zwei Seiten derselben Medaille. Ich glaube nicht, dass Leben und Tod eine Partnerschaft haben. Ich glaube nicht, dass wir sterben *müssen.* Ich glaube, dass wir uns selbst zum Sterben bringen.

Ich leugne nicht die Kraft des Verfalls, die Erschöpfung unserer Energie. Der zweite Hauptsatz der Thermodynamik besagt, dass alle physikalischen Systeme mit der Zeit immer ungeordneter werden, bis sie einen Zustand des Gleichgewichts erreichen. Er besagt, dass die Zeit in eine Richtung geht, nämlich in Richtung Chaos, bis das System im Gleichgewicht ist. Ich kann das bezeugen. Ich glaube nur, dass das System größer ist, als die meisten Menschen annehmen. Energie oder sogar Materie können nicht zerstört werden, sondern nur ihre Form ändern. Wo ist dann also der Tod?

Ich glaube nämlich, der Tod ist der größte Betrug, den es gibt. Er ist die größte Abzocke – denn man kann darüber behaupten, was man will, und niemand kann einem das Gegenteil beweisen.

Der Hauptbetrug liegt in der Aussage, dass man sterben müsse, um in den Himmel zu kommen. Das war eine starke Antriebskraft in der schwarzen Gemeinschaft – die Menschen nehmen alles in Kauf, wenn sie glauben, dass sie in den Himmel kommen. Oder nehmen wir die arabischen Dschihadisten, denen man Gärten und Brunnen verspricht, weil sie in der Wüste leben. Man verspricht den Menschen, was ihnen fehlt. Das ist eine gute Masche. Jesus starb für unsere Sünden, und durch Christus haben wir das ewige Leben. Das kann man weder widerlegen noch belegen. Der Tod ist von allen Tricks in der Welt der größte.

Was der Tod aber wirklich ist, ist die Erschöpfung einer Form von belebter Energie. Es ist wie bei einer Wunde, die das Chi außerstande setzt, eine Verbindung herzustellen; es ist wie ein durchgeschnittener Draht in einem Toaster. Ich glaube also nicht, dass der Tod in Partnerschaft mit dem Leben steht. Verfall ist unvermeidlich, aber der Tod ist es nicht.

Physikalisch gesehen verfallen alle Dinge, ja. Aber wir übersehen die Regenerationskraft des Menschen, die aus einem grundlegenden Lebenswillen erwächst. Ich glaube, dass jede Zelle diesen Intelligenzfunken in sich trägt, so wie jede Zelle eine DNA in sich trägt. Ich glaube, dass alles leben *will* – bis hin zur mikroskopischen Ebene. Wenn man physisch stirbt, übernehmen Maden, Keime und Bakterien den Körper. All die Lebensformen, die sich in deinem Körper befinden und gegen die deine Zellen jeden Tag ankämpfen, kommen zum Vorschein, beginnen zu wachsen und Gestalt anzunehmen. Erst wenn die Deanimierung deines gesamten Organismus stattfindet, haben sie die Chance, groß genug zu werden, um eigenständig zu leben. Irgendetwas versucht immer, uns zu verzehren.

Es gibt eine Wu-Tang-Lehre, die besagt, dass du – wenn du im Begriff bist, physisch zu sterben, wenn dein Körper im Begriff ist, seine letzte Energie zu verlieren – deinen letzten Atemzug und deinen letzten Gedanken nehmen und dich irgendwo anders hinbringen kannst. Dein Körper ist ein Gefährt, wie ein Auto. Wenn es kein Benzin mehr hat, wenn es keine Energie mehr hat, wenn es nicht mehr funktioniert – steige aus. Hol dir ein neues Auto oder laufe oder leg den Leerlauf ein und schiebe den alten Wagen zur nächsten Tankstelle. So blicke ich auf das Leben.

In den Lehren heißt es, dass die siebte Ebene der Energie das Bewusstsein oder die Unendlichkeit ist. Unendlichkeit ist eine natürliche Ebene unserer Energie. Das ist der Ort, an dem du *über*bewusst bist. Ich glaube, dass du in diesem Moment eine Wahl treffen kannst. Am Ende des physischen Lebens deines Körpers, wenn deine physisch belebte Energie zur Neige geht, wirst du es wissen. Selbst wenn es nur eine Sekunde ist, wird es sich anders anfühlen. Weil es wie bei einem Autounfall ist: Du wirst Zeuge, wie die Zeit stehen bleibt – dein Geist wird die Zeit für diese Sekunde auslöschen. Diese Weisheit findet sich auch in den tibetischen Lehren wieder, die uns durch jenen Moment des Bewusstseins zwischen Tod und Wiedergeburt führen. Es gibt diesen einen Moment, in dem du gehen kannst, wohin du willst, und tun kannst, was immer du tun willst. Nutze diesen Moment.

Ich habe meinen Kindern davon erzählt. Ich habe ihnen gesagt: »Wenn wir einander so lieben, dann will ich euch niemals *nicht wiedersehen* wollen. Ich möchte euch für immer lieben.« Und der einzige Weg, das zu erreichen, ist eine so starke Liebe, dass sie auch ohne unsere physischen Körper existiert. Ich weiß, dass meine Mutter nicht mehr hier ist, aber ich habe nicht das Gefühl, dass sie in den Tod eingegangen ist. Ich weiß, dass ich sie nie wieder erleben werde, wie sie in meine Küche kommt, aber ich habe nicht das Gefühl, dass sie tot ist. Ihr Körper ist tot, aber sie kann nicht tot sein, denn das Leben ist ewig. Und ich sehe sie immer noch in meinen Träumen und an Orten, die wir zu ihren physischen Lebzeiten nie besucht haben. Wenn wir sagen, dass etwas lebendig ist, ist das ein Adjektiv, das einen Zustand von Materie beschreibt. Lebendig zu sein bedeutet also nicht wirklich, Leben zu haben. Leben übersteigt den Raum unserer natürlichen Dimensionen – es transzendiert die Dualität von Tod versus Leben.

Damals im *36 Chambers*-Studio fing ich etwas an, das ich von D.R. Period, einem anderen Producer, gelernt hatte. Er ordnete jede seiner Platten nach Jahr und Kategorie. Wenn er also etwas von 1972 hören wollte, ging er direkt zu »1972«. Wenn er Chuck Mangione am Flügelhorn hören wollte, ging er direkt zu »Blechblasinstrumente, 1976«. Das hat mich dazu inspiriert, alle meine Blechbläser hier einzusortieren, alle meine Sängerinnen da, alle Männergruppen dort. Inzwischen habe ich eine neue Abteilung: all die großen Brüder, die verstorben sind – Donny Hathaway, Marvin Gaye, John Lennon, Isaac Hayes. Und der Tag, an dem ich Dirty in diese Abteilung einsortiert habe, schmerzte mich.

Aber mit Dirty verhält es sich genauso: Ich weiß, dass ich ihn körperlich nicht wiedersehen werde. Aber man wird ihn für den Rest des eigenen Lebens hören und sehen, in dieser oder jener Form – in seiner Musik, durch jemanden, der etwas über ihn sagt, oder in Form einer Geschichte oder einer Erinnerung. Ich träume manchmal von ihm, und in meinen Träumen ist er tatsächlich bei mir – wir chillen und trinken unser billiges Starkbier und tun, was wir eben so tun. Und der Traum fühlt sich an wie zehn Jahre Lebenszeit.

Im Jahr 2000 kam mir meine Vision abhanden, und 2004 wusste ich sicher, dass sie fort war. Aber im Jahr 2005 kehrte sie zunächst allmählich zurück – und später, noch im selben Jahr, dann mit voller Wucht. Es geschah, als mein Sohn geboren wurde, im September 2005, in dem Moment, als ich ihn aus meiner Frau herauskommen sah.

Schon seltsam. Ich dachte an die Zeit zurück, als ich meine erste Tochter zur Welt kommen sah, damals, 1992 – und wie mich das dazu inspirierte, mein Leben in den Griff zu bekommen, den Wu-Tang Clan zu gründen und es mit der Welt aufzunehmen. Aber diesen ganzen Prozess noch einmal mitzuerleben, Zeuge dieses Ausbruchs von Liebe in meiner Frau und mir selbst zu werden – das war mir seit 1992 nicht mehr passiert. Doch dieses Mal hat mich diese Erfahrung, diese knospende Saat, zurückgebracht. Ich hatte meine Vision endgültig wiedererlangt.

In den Lehren heißt es, dass Glückseligkeit von allen Zwölf Edelsteinen der letzte ist, den man erhält. Man erlangt Wissen, Weisheit, Verständnis, Freiheit, Gerechtigkeit, Gleichheit, Nahrung, Kleidung, Obdach, Liebe, Frieden – und *dann* ist man glücklich. Aber ein wichtiges Detail bezüglich des Glücks fehlt in den Lektionen, die uns gelehrt wurden – etwas, von dem ich erst vor Kurzem erfahren habe.

Als der Father die Five Percent gründete, stellte er die »Verlorenen und wiedergefunden«-Lehren zusammen und gab sie der Jugend; aber aus irgendeinem Grund entfernte er die erste Seite. Ich habe das erst erfahren, als Wu-Tang nach dem Tod von ODB das erste Mal wieder auf Tournee war. Da erhielt ich tatsächlich eine Kopie der Einführung zu den Lehren. Es steht direkt auf der ersten Seite, die die meisten Anhänger der Nation of Gods and Earths nie gesehen haben. Und zwar steht dort Folgendes: »Versetze dich sogleich ins Himmelreich.«

Als ich das las, begriff ich: »Das ist sie.« Das ist die zentrale Botschaft aller Weisheit – nicht nur die der Weisheit der Nation of Gods and Earths, sondern der Weisheit insgesamt:

Versetze dich jetzt ins Himmelreich. Unverzüglich. Versetze dich ins Himmelreich – *jetzt sofort.*

Man muss nicht sterben, um in den Himmel zu kommen. Der Himmel ist auf Erden. Wenn du am Ende bist, wenn die Scheiße an dir vorbeirauscht, wenn Armut und Selbsthass dich kaputt machen – dann bist du in der Hölle. Versetze dich sogleich ins Himmelreich. Als Jesus sagte, dass der Tempel Gottes in dir ist, hat er nicht metaphorisch gesprochen. Er sagte: »Dein Reich komme, im Himmel wie *auf Erden.*« Viele Menschen interpretieren das falsch. In Wahrheit hat dieses Gebet dieselbe Bedeutung wie das Zen-Konzept der Buddhisten, das vom Finden des Nirwana und der Erleuchtung im Augenblick erzählt. Der Schlüssel ist wahres Bewusstsein, in der Gegenwart, in diesem Moment, genau jetzt, wo du gerade bist. Warte nicht darauf. Versetze dich sogleich ins Himmelreich.

Strebe nach dem Überbewusstsein, das am Ende des Lebens kommt – strebe durch Meditation, durch Liebe, durch Aufbau, durch Schöpfung. Ignoriere die Mächte der Dunkelheit, der Trennung und des Todes. Blende die Stimmen aus, die nicht wollen, dass du wächst, dich veränderst, dich wiederbelebst. Ignoriere die Kräfte, die dich in die Vergangenheit zurückziehen.

Schon komisch. Im Hip-Hop ist seit etwa zwanzig Jahren von einem »Damals« die Rede. Das ist aber etwas, was die Leute im Allgemeinen tun. Dein Vater sagt: »Zu meiner Zeit ...«; sein Vater sagt: »Zu meiner Zeit ...«; und ehe man sichs versieht, ist man Sklave – buchstäblich mit Blick auf die Schwarzen, geistig mit Blick auf alle Menschen. Man ist Sklave der Vergangenheit, der Nostalgie. Man ist blind gegenüber dem, was direkt vor einem liegt.

Meines Erachtens hat Gladys Knight das am besten zum Ausdruck gebracht, in einem Song, den der Wu-Tang Clan für »Can It All Be So Simple« gesampelt hat. In dem Teil, den wir verwendet haben, sagt sie: »Let's talk about the good old days« – »Lass uns über die guten alten Zeiten sprechen«. An diesen Teil erinnert sich jeder. Aber im weiteren Verlauf des Songs sagt sie noch etwas anderes. Sie sagt: »Die Zeit, in der wir jetzt leben, wird später die gute alte Zeit unserer Kinder sein.« In diesem Satz steckt echte Weisheit.

Es stimmt, was Rumi sagt: »Vergangenheit und Zukunft verschleiern Gott vor unseren Augen; verbrennt sie beide mit Feuer.« Nostalgie ist Selbstbeweihräucherung für diejenigen, die dabei waren. Sie ist keine Aussage über die Wahrheit. Also scheiß auf die alten Zeiten. Öffne deine Augen für das, was direkt vor dir liegt. Du bist hier, jetzt, und Gott ist in dir. Jeder Tag ist eine gute alte Zeit.

Manche Leute sagen: »Gottes Wege sind unergründlich.« Aber ich glaube nicht, dass Gott unergründlich ist. Das Wort »unergründlich« zählt in Wirklichkeit nicht einmal zu den Attributen Allahs. Gütig, barmherzig, allwissend, allsehend, allmächtig – ja. Aber unergründlich? Nope, würde er sagen, ich bin offensichtlich. Ich bin alles, was ihr seht. Ich stehe doch direkt vor dir. Ich bin in dir.

Ich habe meine Vision wiedererhalten. Ich kann die Zukunft vorhersagen. Aber ich sage nicht voraus, dass ich eine Bruderschaft gründe, einen Krieg führe oder eine Bewegung ins Leben rufe. Ich sage nur Gutes voraus, denn das ist alles, was ich sehe. Im Jahr 2005 bekam ich einen Sohn. Ich nannte ihn Rakeem, weil er in gewisser Weise die Wiedergeburt von mir war. Seine Geburt – die Liebe, die sie entfachte, die Kraft, die sie mir gab – machte meine Vision noch stärker. Aber das Wichtigste, was ich darin erkennen konnte, war die Gegenwart Allahs in allem.

Auf der letzten Wu-Tour fing ich an, dieses zu sagen, jenes zu planen und alle möglichen Vorhersagen zu machen – dann erwischte ich mich selbst dabei. Nope, sagte ich. Die Zukunft vorherzusagen, das ist nicht mehr mein Ding. Alles, was ich vorhersage, ist gut. Selbst da, wo andere in der *Illusion* des Bösen feststecken, werde ich inmitten des Guten warten; ich werde die Nachwehen der Bombe oder des Sturms abwarten, denn das ist der Moment, in dem alles wieder zur Ruhe kommt. Dort wirst du mich sehen, dem Aufbau verschrieben, in der Welt lebend, die Allah offenbart hat.

DIE WAHRE BEDEUTUNG

Was ist der Sinn des Lebens – *the Meaning of Life? Ganz einfach: Live. Islam. For Ever.* Der Islam ist Friede, und deshalb ist die wahre Bedeutung von Leben: »Lebe ewig in Frieden.«

Peace.

THE UNIVERSAL CHANGER

[GESCHRIEBEN VON DIVINE PRINCE MASTER RAKEEM IN DER 64 TARGEE STREET, STATEN ISLAND, AM 4. JULI 1989 UM 22.00 UHR]

Frieden. Wie wir wissen, strahlen alle Elemente eine Form von Energie aus: Feuer strahlt Wärme aus, Eis strahlt Kälte aus und der Mensch strahlt Gedanken aus. Manche Gedanken werden geschöpft, andere werden kopiert und modifiziert. Gott ist der Schöpfer der Gedanken; der Teufel ist der Vervielfältiger oder Nachahmer. Doch sowohl Gott als auch der Teufel verändern Gedanken. Gott verändert Geschichten zum Besseren, der Teufel zum Schlechteren.

Es heißt, dass jeder erdachte Gedanke auch geäußert werden kann. Diese Äußerungen des Gedankens sind ruhend. Der Gedanke selbst unterliegt keinen Eigenschaften wie gut oder schlecht. Er ist neutral. Er ist eine potenzielle Energie, die darauf wartet, in kinetische Energie umgewandelt zu werden. Sobald aber diese Umwandlung stattgefunden hat, nimmt der Gedanke die Form der Äußerung an, in der er sich offenbart hat. Denn jemand mag zwar das Gefühl haben, dass er einen positiven Gedanken hat, aber wenn er diesen auf die falsche Weise äußert, wird daraus ein negativer Gedanke. Denn manchmal kann das, was für das Individuum positiv und gut ist, für die Gruppe schlecht sein – und andersherum. Aufgrund dessen können wir also sehen, dass unsere persönlichen Gedanken beherrscht und korrekt ausgeführt werden müssen. Es gibt etwa fünf Milliarden Menschen auf der Erde, und sie alle haben die Kraft, Gedanken auszustrahlen. Doch unter all diesen verschiedenen Gedanken gibt es nur eine Wahrheit. Zwar haben alle Menschen ihre eigenen Gedanken über das Was, Wo, Warum, Wann und Wie. Und darin offenbaren sich auch Vorstellungen über Wer, Ob und Aber. Ungeachtet dieser Milliarden von Gedanken gibt es aber nur eine Wahrheit. Alles andere ist Illusion.

Ein Beispiel dafür kann durch einfache Mathematik gezeigt werden. Eins plus eins ist gleich zwei. Das heißt, ein Objekt plus ein weiteres Objekt ergibt zwei Objekte. Das ist die Wahrheit in jeder Sprache. Das kann gezeigt und bewiesen werden, und die Mathematik kann nicht lügen. Sie ist die Sprache Gottes. Es gibt also immer nur eine Wahrheit, egal, wie viele Gedanken es gibt.

Wenn ein Mensch den anderen belügt, wer wird dann wirklich zum Narren gehalten? Denn die Wahrheit offenbart sich immer zu gegebener Zeit. Und eine Lüge ist nur eine Illusion. Denn selbst wenn man jemanden anlügt, kennt er oder sie vielleicht nicht die Wahrheit, aber derjenige, der die Lüge verbreitet, kennt die Wahrheit. Und das zeigt, dass die Wahrheit immer existiert und eine Lüge nur eine vorübergehende Illusion ist, die verschwindet, sobald die Wahrheit offenbart wird.

Heutzutage scheint die Welt verworren und voller Chaos, Krankheit, Hunger, Krieg, Hass, Armut und Teufeleien zu sein. In diesen unseren Zeiten hat der Teufel die volle Kontrolle, und wir leben in der physischen Hölle. Es ist eine Welt voller Lügen und Illusionen. Milliarden von Menschen leben in Illusion – ihr Geist ist blind, taub und stumm. Doch jeder von ihnen ist befähigt, aufzubauen oder zu zerstören. Unsere Gedanken sind die bestimmende, dominierende Kraft auf diesem Planeten. Jeder Gedanke ist wie eine Bombe. Er kann dich entweder retten oder töten. Es heißt, dass Worte schneller töten als Kugeln. Doch sowohl Worte als auch Kugeln werden durch Gedanken erzeugt. Tatsächlich ist alles, was wir um uns herum sehen, aus den Gedanken der Menschen entstanden. Wen kann der Mensch für den Zustand der Welt also verantwortlich machen, wenn nicht den Menschen? Wer kann die Welt verändern, wenn nicht der Mensch?

Ich schaue mir diese Welt an und sehe, dass sie zu einem Ort sexueller Perversion geworden ist, zu einem Ort der Gewalt, des Drogenmissbrauchs, der Krankheit und dergleichen Übel. Betrachten wir jedoch jede dieser Sachen einzeln, können wir ihren Ursprung und ihren Verursacher sehen.

Es kann gezeigt und bewiesen werden, wie ein Gedanke die Welt zum Guten oder zum Schlechten verändern kann. Wenn wir einen Blick in das erste Buch der Bibel werfen – die Genesis, das 1. Buch Mose –, dann sehen wir, wo die Negativität ihren Anfang nahm. Zunächst isst Eva von der verbotenen Frucht, wodurch die erste Sünde begangen wurde. Kain tötet seinen Bruder Abel und ist damit der erste Mörder. Ham sah Noah an, als dieser nackt war – das war die erste Perversion des Denkens. Kanaan wurde mit Krankheit verflucht, und so ward die Krankheit geboren. Es gibt in der Genesis noch viele weitere Namen und Ereignisse, aus denen die Sünde entsteht. Für jede unredliche Tat brauchte es nicht mehr als den Gedanken eines Mannes oder einer Frau. Alle anderen haben diese Handlungen übernommen. Es heißt, dass Eva die Erste war, die sündigte, und dass daher alle Sünden rühren. Die Genesis ist das erste Buch der Bibel, und die Offenbarung des Johannes ist das letzte Buch. Es brauchte nur eine Sünde und einen Gedanken, um die Welt in die Hölle zu stürzen. Vielleicht braucht es also nur einen einzigen Gedanken, um all dies zu ändern. Wenn der Präsident den Gedanken äußert, in den Krieg zu ziehen, würden wir in den Krieg ziehen, also braucht es nur einen Gedanken des Friedens, um Frieden zu bringen. Dieser eine Gedanke muss durch den rechtschaffenen Willen in geeigneter Weise geäußert werden. Es kann also sein, dass unter fünf Milliarden Menschen ein Mann oder eine Frau diesen einen Gedanken hat, der die Welt verändern kann. Doch um die Welt zu ändern, muss man zuerst sich selbst verändern. Wie es in diesem populären Song heißt: *Start with the man in the mirror.* Wenn der Mensch erst einmal den Teufel in sich selbst zerstört hat, wird ihn das befähigen, die Hölle zu besiegen. Es gibt viele Menschen, die sagen, dass man den Lauf der Dinge nicht ändern kann, aber das stimmt nicht. Wenn Gott die Gedanken schuf und der Teufel sie duplizierte, und wenn beide die Fähigkeit haben, das Ergebnis von Gedanken zu ändern, dann war es Gottes Gedanke, eine Welt der Schönheit zu erschaffen, während der Teufel seinen Gedanken abkupferte, indem er seine eigene Welt erschuf. Gott wollte eine Welt des Friedens erschaffen, wohingegen der Teufel eine Welt des Krieges schuf. Es ist nun an den Menschen, dies wieder zu ändern. Gott und Teufel sind beide nur Menschen. Der Mensch hat die Welt zu dem gemacht, was sie ist, und nur der Mensch kann sie verändern. Lass dich also nicht täuschen, wenn man dir sagt, dass du die Dinge nicht ändern kannst, denn das kannst du. Wenn dir heiß ist, springst du ins Wasser, um dich abzukühlen. Wenn du nass bist, legst du dich in die Sonne, um trocken zu werden. An diesem Beispiel zeigt sich sehr genau die Kraft der Veränderung.

Der erste Schritt ist Wissen. Du musst wissen, was geändert werden muss. Und der einzige Weg, dies zu wissen, ist, dich selbst zu betrachten und dich selbst zu kennen. Ein guter Mensch wird das Gute in sich selbst und das Teuflische in der Welt sehen und wird daher versuchen, die Welt zum Guten zu verändern. Aber in diesen unseren Zeiten trägt jeder irgendeine Art von teuflischen Gedanken in sich. Zuerst muss man also seine Gedanken ändern, dann muss man die Dinge ändern, die einen auf diese teuflische Weise denken lassen, oder man muss diese Dinge meiden. Dann sollte man damit beginnen, den Menschen die richtige Art zu denken beizubringen. Wie kann man erkennen, was die richtige Art ist? Ganz einfach. Es gibt nur einen richtigen Weg, und das ist die Wahrheit. Auch wenn sich manche der Chiffre von verschiedenen Punkten aus nähern, so gelangen sie doch zur selben Wahrheit. Denn überall im Universum ist eins plus eins gleich zwei. Um Gott zu finden, muss der Mensch zunächst in sich selbst blicken. Gedanken sind der Schlüssel zum Leben, so wie der Mensch sie denkt. Ein einziger Gedanke kann die Welt verändern. Also, Brüder und Schwestern, lasst euch vom Teufel nicht einreden, dass ihr die Dinge nicht ändern könnt, denn das könnt ihr. Das Einzige, was ihr nicht ändern könnt, ist die Wahrheit, denn es ist die Wahrheit, die die Dinge mit der Zeit wieder in ihren ursprünglichen Zustand zurückversetzt. Im Moment leben wir in Illusionen. Fünf Milliarden Menschen leben in Illusionen. Und von all diesen Menschen sind nur fünf Prozent Verfechter der Wahrheit. Sie sind es, die die Gedanken einer Veränderung hervorbringen werden. Und diesen fünf Prozent könnte eine Person entspringen, die die perfekte Lösung hat.

Das könntest du sein, das könnte ich sein, es könnte dein Kind, dein Sohn, deine Tochter, dein Bruder, deine Schwester sein, es könnte jeder sein. Aber diese eine Person wird eine universelle Änderung herbeiführen. Die Fähigkeit dazu existiert in jedem von uns. Deshalb reinige dein eigenes Haus, und dann kannst du uns dabei helfen, Milliarden anderer Häuser zu reinigen. Und Gott wird sich zeigen und beweisen, dass er der *Universal Changer* ist – der, der alles ändern kann.

Peace.